U0906272

崇儒重教

主编 刘建生
副主编 刘成虎

郭三娟 著

山西出版传媒集团
山西教育出版社

图书在版编目（CIP）数据

崇儒重教 / 刘建生主编. — 太原 ：山西教育出版社，2021.5
（晋商五百年）
ISBN 978-7-5703-1501-7

Ⅰ. ①崇… Ⅱ. ①刘… Ⅲ. ①晋商—商业文化—史料 Ⅳ. ①F729

中国版本图书馆 CIP 数据核字（2021）第 068201 号

晋商五百年·崇儒重教

JINSHANG WUBAI NIAN · CHONGRU ZHONGJIAO

出 版 人　李　飞
责任编辑　孙　宇
复　　审　李梦燕
终　　审　康　健
装帧设计　薛　菲　刘志斌
内文排版　陶雅娜
印装监制　赵　群
图片统筹　刘志斌
摄　　影　薛　菲　王永伟　刘志斌　梁　铭　荣　浪等

特别鸣谢　北京晋商博物馆
支持单位　北京晋商博物馆　山西省博物院
　　　　　太原晋商博物馆　山西财经大学晋商博物馆

出版发行　山西出版传媒集团·山西教育出版社
（地址：太原市水西门街馒头巷 7 号　电话：0351-4729801　邮编：030002）
印　　刷　山西基因包装印刷科技股份有限公司
印　　次　2021 年 5 月第 1 版　2021 年 5 月第 1 次印刷
开　　本　787×1092　1/16
印　　张　14.5
字　　数　230 千字
书　　号　ISBN 978-7-5703-1501-7
定　　价　29.80 元

康熙皇帝说："今朕行历吴越州郡，察其市肆贸迁多系晋省之人，而土著者盖寡。"

——《清实录》康熙二十八年二月乙卯条

· · · · · ·

山西巡抚刘于义上奏说："山右积习，重利之念，甚于重名。子弟之俊秀者，多入贸易一途，其次宁为胥吏。至中材以下，方使之读书应试。"雍正帝在其奏疏上"朱批"："山右大约商贾居首，其次者犹肯力农，再次者谋入营伍，最下者方令读书。朕所悉知。"

——《雍正朱批谕旨》，第四十七册，雍正二年五月十二日朱批

· · · · · ·

在海外十余年，对于外人批评吾国商业能力，常无辞以对，独至有历史、有基础、能继续发达之山西商业，鄙人常以自夸于世界人之前。

——梁启超《在山西票商欢迎会演说词》，1912年

· · · · · ·

平阳、泽、潞豪商大贾甲天下，非数十万不称富。

——王士性《广志绎》

· · · · · ·

富室之称雄者，江南则推新安，江北则推山右。

——谢肇淛《五杂组》

· · · · · ·

山右巨商，所立票号，法至精密，人尤敦朴，信用最著。

——《清朝文献通考》，卷十八

1888年，英国汇丰银行一位经理甫将离开中国时，对山西票号、钱庄经营人有过这样一段评论："我不知道我能相信世界上任何地方的人像我相信中国商人或钱庄经营人那样快……这25年来，汇丰银行与上海的中国人作了大宗交易，数目达几亿两之巨，但我们从没有遇到一个骗人的中国人。"

——渠绍淼《晋商兴盛溯源》

· · · · · ·

中国商贾夙称山陕，山陕人智术不能望江浙，其推算不能及江西湖广，而世守商贾之业，唯其心朴而实也。

——清代外交家、首任驻英公使郭嵩焘

· · · · · ·

霭龄坐在一顶十六个农民抬着的轿子里，孔祥熙则骑着马，但是，使这位新娘更为吃惊的是，在这次艰苦的旅行结束时，她发现了一种前所未闻的最奢侈的生活。因为一些重要的银行家住在太谷，所以这里常常被称为"中国的华尔街"。

——罗比·尤恩森《宋氏三姐妹》

· · · · · ·

在上一世纪（19世纪——编者注）乃至以前相当长的一个时期内，中国最富有的省份不是我们现在可以想象的那些地区，而竟然是山西！直到本世纪（20世纪——编者注）初，山西，仍是中国堂而皇之的金融贸易中心。北京、上海、广州、武汉等城市里那些比较像样的金融机构，最高总部大抵都在山西平遥县和太谷县几条寻常的街道间，这些大城市只不过是腰缠万贯的山西商人小试身手的码头而已。

——余秋雨 《抱愧山西》

未曾消逝的风华
（代序）

三晋大地是孕育中华民族的热土。距今180余万年前，山西匼河西侯度出现了迄今为止在中国发现的最早的人类。许家窑、丁村、峙峪、北撖……山西几乎保留了旧、新石器时代不同阶段的所有遗存。从那时起，山西曾一度是中华文明的代表。

隋代，雄踞太原的李渊成为天朝大国新的主宰，太原也因此成为大唐帝国的北都。唐代的三晋是一个文化昌达、名人辈出的地方，王维、柳宗元、狄仁杰、河东裴氏……一个个镌刻在青史上的名字，推动着唐代文化登峰造极。当鼎盛的铅华在四起的狼烟中悄然褪尽，宋太宗的铁骑踏过黄河，刘汉王朝灰飞烟灭之后，连年的战火、无休止的争斗，李唐盛极一时的河东文化似乎真的随着太原城那场人为的大火飘零没落了。

有人说，唐代以后的山西乏善可陈，科考不利、文化名人匮乏，山西的文化凋落了，但很少有人注意到，在时代变革、文化演进的浪潮中，山西扬弃旧腐、推陈出新的地域文化特征和独特的文化变迁方式。17世纪以降，在风云诡谲的世界形势中，经济实力成为决定国家兴衰至为重要的因素。当西方凭借坚船利炮不断开拓世界市场、中国依然沉浸在义利之辩中无法自拔时，被梁启超先生“常以自夸于世界人之前”的那些“胡服辫发”的山西商人又一次成为引领时代潮流的群体……时任德国柏林大学校长的李希霍芬男爵曾评价说，山西人“具有卓越的商才和大企业精神，有无比优越的计算智能，有发达的数字意识和金融才华”，因此“中国人好比犹太人，而山西人更像犹太人”。

晋商从默默无闻的引车卖浆者逐渐发展成为“非数十万不称富”的豪商巨贾，纵横捭阖五百余载，足迹遍及大江南北。他们凭着敢为天下先的精神，利用国家政策，抓住历史机遇。他们栉风沐雨，远渡重洋，北至西伯利亚、伊尔库茨克，南抵香港、加尔各答，东到神户、大阪、横滨、仁川，西涉喀什噶尔、塔尔巴哈台，业务涉及盐、茶、粮食、布匹、典当、票号等诸多行业，以独具特色的经商理念与经营艺术，创造了一个个令世人瞩目的商业奇迹。我们山西大学晋商学研究所同仁曾循着晋商的足迹赴东瀛，到欧美，北上恰克图、海参崴收集相关史料。大家无不为昔日晋商“劈开万顷波涛，踏破千里荒漠”的那种艰苦创业、百折不挠的精神所折服。尽管晋商在清末战乱中逐步走向衰败，商业和金融业态的转变使之无法承担起信用制度变迁所带来的庞大交易费用，但他们并没有化作历史的尘埃随风飘逝，其遗留下来的丰富的物质和精神遗产，至今依然影响着我们。

站在平遥、太谷、祁县等古老县城的街道，放眼望去，掩映在夕阳余晖中的是一座座明清晋商的豪宅大院、孕育着郁郁生机的老街，还有那商号店铺的门帘随着进进出出的人们不停地摆动，像少女头饰上随风摇曳的流苏。熙攘而恬静，喧嚣而自然，建筑和人交相融合，很容易让人产生时间上的错觉。思绪的穿越，把我们带回到清代，街面上此起彼伏的吆喝声、票号柜台上眼镜戴在鼻尖上的掌柜、镶满铁钉的大门、被缰绳磨得发亮的花岗石拴马桩……使我们抑制不住钩沉旧事的冲动。

每处遗存都有着自己的故事，每件古物都有着鲜为人知的传说。发现故事讲给世人听，是三晋学人义不容辞的责任。因此，我们会集山西大学晋商学研究所以及经济、历史、教育、体育等学科从事晋商研究的多位学者，捃摭多年研究成果，从晋商盐帮、茶商、典当、票号、镖局、会馆、家族、大院、教育，以及走西口、粮油故道、保晋公司等入手，通过点滴历史事件，深入浅出，图文并茂，向读者展示明清晋商的不同侧面，以期雅俗共赏，弘扬中国传统商业文化。

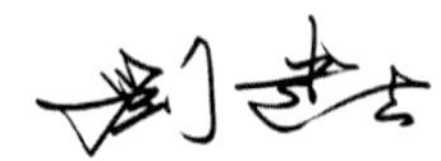

于山西大学晋商学研究所

目录 MULU

前 言

“晋商”，一个并不为世人陌生的概念。

近几年，晋商研究成果颇丰，尤其是《晋商票号》《乔家大院》《白银谷》《走西口》等影视剧的热播，使广大民众开始接触、知晓、了解、研究明清时代商帮之首——晋商。

晋商在长期的商业活动中形成的重商立业的人生观、诚信义利的价值观、艰苦奋斗的创业精神和同舟共济的协调思想，已为人们所熟知。一种精神的形成，与时代背景、文化环境、地域特点等有着很大的关系，还有一个很重要的因素，那就是“教育”。而这一因素往往不被关注，少有研究。笔者试图追随着晋商成长的脚步，寻觅被人们忽略的教育在晋商发展壮大过程中的作用。

翻阅一百多年前的中国历史，商家可是正史不留痕迹，晋商在野史中也寻不到片言只语。但是有关晋商教育的历史素材却不难寻觅。从世人相传到家谱记载、从文人笔记到院落文化，无不透露出浓厚的教育气息。

关于晋商教育研究并非无人涉猎，但有许多都作为反面教育素材出现，其中徽商研究者就认为“山西人及晋商对教育极不重视”。这种结论局限于某一历史阶段、某种特殊现象、某人的片言只语，仅由此得出结论是否过于草率？这种观点，其主要证据是当时的山西年轻人多经商而少应试，那么，我们现在能不能根据温州商人居多，就得出“浙人不重视教育”的结论呢？

山西乃中华民族的摇篮，文化底蕴深厚，历史文化名人如星光璀璨，这与山西人先进的教育观念及发达的教育行为不无关系。在茫茫的历史长河中，晋商的兴衰可能是历史的一个阶段，但晋商教育对山西近代教育的促进以及现代教育的启迪却意义非凡。

游走在古朴的大院，感受着浓郁的文化氛围，挖掘晋商教育的历史素材，以念先祖，昭示后人。

第一章

重教设学　内容丰富

回眸历史，每种行为、每种现象都不是孤立存在的，它们大都是和当时的历史、文化、政策、政府行为等有密切的联系。晋商的兴盛、晋商对教育的重视也有其历史和文化的原因。山西历史悠久，文化名人辈出，政府官员和广大民众普遍重视教育，教育内容丰富，这些都是兴盛起来的晋商尊重文化、重视教育、兴办家塾、投资办学、推崇儒学、实施职业教育的历史文化背景。

虽然晋商大体兴起于明代前期，明中叶以后迅速发展，清中叶时才进入鼎盛，但是，山西人经商历史悠久，自春秋以至宋辽金元，史书屡有记载。特殊的地理条件、人文环境造就了一方特色，这一地域文化自然影响和熏陶着山西商人的成长历程、商业理念及商业行为。

第一节　浓郁的教育氛围

明清时期，中国传统教育走向顶峰。随着封建专制制度的加强，传统教育在形式上高度完善，各级各类教育机构应有尽有。在山西，府学、县学、书院、社学、义学、私塾，多样的教育形式遍及全省各地，从官到民、从士到商，形成一种追求读书、重视教育的风气。这是后来晋商兴学重教的基础。

关键词：义学　私塾　社学

由于地理位置的原因，山西地区的传统文化具有一定程度的丰富性和综合性。正如著名晋商研究学者葛贤慧教授在其《商路漫漫五百年——晋商与传统文化》一书中所言："从历史上来看，山西这片黄土地，始终处于汉族文化和少数民族文化碰撞、融合的中间地带……民族的反复融合使山西的黄土文化中不仅具有中原崇礼、重教、讲义、守信、节俭的文化特征，而且有少数民族骁勇豪爽、刚毅自强、吃苦耐劳、敢闯敢干的性格。厚重的文化积淀给予山西人这些特点。"毫无疑问，这种区域文化是晋商兴起的重要背景之一。

一、官员重教　士民热心

明清时期，地处内陆的山西，虽然其文化教育的发展水平不及南方一些省份，但是，山西地方官员对教育活动还是比较重视的。

地方上的行政官员充分认识到学校教育的作用和意义，典型的人物比如明代万历年间曾一度执掌山西军政大权的吕坤，他在位期间就非常重视学校教育。他认为，人们心术道德的好坏，纯系教育的产物。教育对士阶层关系尤为重大，因为他们是封建官吏队伍的重要后备军。学校教育的成败，可以说直接关系到天下的治乱兴废。

兴办学校和督责教育工作理所当然地成为地方官施政的组成部分。据《灵石县志》记载，灵石县夏门村人梁中孚在做官期间，"书院、义学有废必兴。

◎ 山西望族及晋商重点宅院分布图。

有事下乡，闻读书声即喜，亲到塾中与儿童正句读，语以作文……”主管教育工作的官员更是尽职尽责。嘉庆《灵石县志》记载，灵石县人张攀月，曾经在祁县担任教谕一职，其间，注重训导和奖励读书人，而且积极修建学宫。为了让更多穷苦人家的儿童也能接受文化教育，一些开明官吏还慷慨捐资或积极筹资开办义学。据《山西通史》记载，康熙十六年（1677），阳曲知县戴梦熊在县里筹资办起 7 所义学；康熙二十二年（1683），榆次知县助民间办起 9 所义学；雍正三年（1725），洪洞知县孔传忠捐资兴建义学 5 所；乾隆二十七年（1762），崞县（今山西原平）知县邵丰锿捐建义学 6 所。

地方官重视教育，民间士子也积极行动。他们设立义塾、义学，慷慨捐助书院，注重藏书，便于更多的本族子弟和贫穷的邻里邑人接受教育。

在嘉庆和民国的《灵石县志》中，到处充溢着设立义塾、义学的史料记载。张鸿猷不仅自己“好读书，手不释卷”，而且在村中设立义塾，亲自任教，免费教授前来求学者。酷爱读书的刘敬，在家附近设立义塾以供乡邑子弟就读。乾隆庚子举人陈德溥，“捐资建义学二所”。梁以治，“在村中设课，培养俊秀，多所成就”。

山西各地的县志、族谱中有很多关于晋商设立义学义塾、捐资助学的记载。

延伸阅读

义学，也称“义塾”。中国旧时依靠官款、地方公款或地租设立的，供贫寒子弟免费入学，启蒙阶段的教育机构，以识字为主。

在乾隆《太谷县志》中，也有类似的记载。诸生武文焕，在南席村设立义学，以教贫民子弟。郭里村人白长庚，在村中设立义塾，招收邻人子弟入塾读书，对于家庭贫困者还免费为其提供纸张笔墨等学习用品，对此当地知县曾给予旌表。

同治《河曲县志》记载，河曲人邬大成在村中魁星楼设帐授徒，教学有方，在当时影响很大。

相关史料还记载，解州（今属运城）举人耿膺瑜，曾于嘉庆十三年（1808）捐银建成州中义学5所。

其实，关于民间士人设立义学、义塾的记载，在当时山西各地的县志中都为数不少，不胜枚举。

义塾、义学的设立，使贫寒人家的子弟可以免费接受一定程度的教育。

设立义塾、义学固然可赞可叹，捐助书院更不失为一种督责教育的捷径。比如太谷县廪贡生孟建春，家境并不富裕，从小就过着非常

榆次文庙大殿，规模宏伟，气象庄严，彰显尊儒氛围，是儒家思想的重要传播辐射地。

简朴的生活，但为凤山书院出钱“万缗”。后来，太谷县修文庙，沟子村建义学，榆次县修孟母庙，元戈村修圣庙，他都慷慨解囊，无私捐助。还有灵石县夏门村人梁墉，曾在村中设立义塾，晚年又产生了独家出资修建书院的想法，后来因病未能实现这一心愿，但对此他仍念念不忘，临终时嘱托子孙一定要替自己做这件事，其后人照办，出资建成竹林书院。梁君将捐修书院作为遗嘱交代给后人，由此可见，他倾心教育和全力助学的热情和愿望。

二、设立学校 举办学塾

在中国古代的学校系统中，官学居于主导地位。明、清两代，山西的地方学校都有一定程度的发展。顺治年间，山西地方遵朝廷指令，开办了传统的县学、州学、府学，这些都是官府出资办起来的学堂，校址分别建在县城、州城、府城。根据《大清会典事例》和《山西通志》以及有关府、州、县志等历史文献的记载，清代山西共有地方学校 115 所。其中，府学 9 所，州学 16 所，县学 85 所，乡学 4 所，运司学 1 所。乡学，即清源、乐平、平顺、

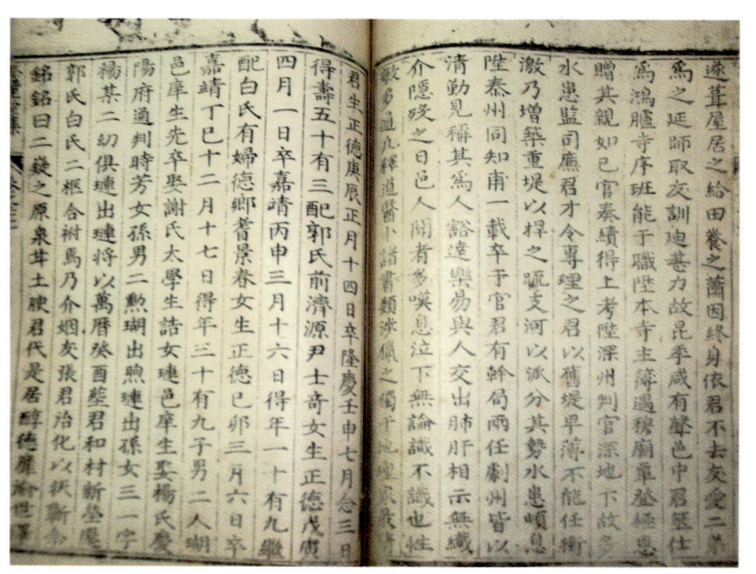

遂葺屋居之給田養之薦因終身依君不去友愛二
爲之延師取友訓迪甚力故昆季咸有聲邑中君塹仕
爲鴻臚寺序班能于職陞本寺主簿遇覃恩
贈其親如已官秦績得上考陞深州判官深地下故多
水患監司薦君才令專理之君以舊堤卑薄不能任衛
激乃增築重堤以捍之疏支河以派分其勢水患頓息
陞泰州同知甫一載卒于官君有幹局兩任劇州皆以
清勤見稱其爲人豁達樂易與人交出肺肝相示無纖
介隱歿之日邑人聞者多嘆息泣下無論識不識也性
敦多通九釋道醫卜諸書頗涉獵之

君生正德庚辰正月十四日卒隆慶壬申七月念三日
得壽五十有三配郭氏前濟源尹士奇女生正德戊寅
四月一日卒嘉靖丙申三月十六日得年一十有九繼
配白氏有婦德鄉耆景春女生正德己卯三月六日卒
嘉靖丁巳十二月十七日得年三十有九子男二人瑚
邑庠生先卒娶謝氏太學生誥女璉邑庠生娶楊氏慶
陽府通判時芳女孫男二勲瑚出煦璉出孫女三一字
楊某二幼俱璉出將以萬曆癸酉塟君和村新塋
郭氏白氏二柩合祔焉乃介姻友張君治化以狀
銘銘曰二姓之原泉芊土腴君氏是居醇德

张四维（1526—1585），字子维，号凤磐，山西蒲州人，出身山西盐商世家，为蒲州豪贾。其父张允龄外出经商，其舅父为王崇古。张四维的著作《条麓堂集》多记载明时晋商的状况，反映其从商理念。

马邑 4 县的建置撤销后，将原来的县学改为乡学，规格降低，待遇不变。运司学是在运城专为商籍学生设立的。

据相关史料记载，当时的山西各地都设有相应的府、州、县学，不少地方也设立了书院，除此之外，还有社学和义学。可以说，全省所有府州县已经达到“无不有学”的程度。

在清代文献中，社学和义学并称，实际上没有实质性的区别，它们是一种基层性的教育组织，也是府州县学的预备教育机构。它们只有一部分设在城市，而大多数设在农村的“大乡巨堡”。据《山西通志》记载，光绪年间，山西共有义学 385 所，可见义学的设立也是比较普遍的，这就比较有效地解决了贫穷子弟的受教育问题。

书院作为中国封建社会地方教育机构之一，其发展情况能在相当大的程度上反映和代表教育发展的水平。山西最晚于宋代已有书院，明清时代得到空前发展，几乎遍及各府州县，甚至有的府州县同时建有几个书院。关于明清时期山西书院的发展，张捷夫先生曾经做过专门的研究，他指出，在元代，山西约有书院 10 余所。明朝，山西的书院发展到 40 多所。在清朝统治的

清雍正年间，灵石王家十六世王生炳在村西办端木书屋，村东建书塾家学，并捐银两千两，作为教育基金，使利不动本。

260 多年间，各地书院屡兴屡废，难以精确统计。据光绪本《山西通志》、《晋政辑要》以及有关府州县志的记载，至光绪年间，山西省有书院 111 所。可见，清代山西地区教育的发展还是比较快的。山西书院与同时代的外省书院有着相似之处，实行“门户开放”，允许学子有不同见解，提倡独立思考、自由论辩。

地方官学、社学、义学和书院的同时发展，进一步为人们读书求学提供了机会。但是，这些机会毕竟还是有限的。因此，在官办的旧式封建学堂和书院之外，山西民间还办有较多的私塾。一种是由一家或几家富户在家中设立教馆，延师教育子弟；一种是闾里设立义塾，接收农村的一些贫寒子弟入塾就读；还有一种是士子自己设帐教徒。

延伸阅读

社学，中国封建社会后期地方官奉朝廷诏令在乡社间设立的蒙童学校。始设于元朝，延续至明清。

私塾，中国旧时私人办的学校，为私学的一种。有士绅富豪聘请教师在自家进行教学的教馆；有教师在自己住所设学教学的家塾；有地方或个人出钱资助设立，招收贫寒子弟入学，带有慈善事业性质的义塾。

清雍正年间，灵石王家十五世王梦鹏办义学于村中，他去世后，其四子中极秉承父业，扩建义学，增修房 23 间。

我们从一些相关史料可以看出，明清时期山西各州县都有很多的私塾，各村镇也几乎都有私塾，山西地方特别是晋中地区，这种零散的、小型的、基础性的教育基地最为普遍。私塾教育或为启蒙教育，重在教子弟晓文识字，掌握一些实用知识，如天文气象、珠算、记账等知识；或为科举考试的准备教育，即按照官学的要求教学，朝着科举的方向培养人才，逐步向官办的县学、州学输送学生。它们都不同程度地具有普及教育的意义和作用，尤其是对于广大的平民百姓、一般人家的子弟而言，更大程度地受惠于这种私塾教育。无疑，晋商家族的子弟当在接受教育之列。

作为古代私学的一种，学塾虽然不及官学显赫，但却是民间多数人读书受教育的场所。明清时期，山西民间士子在很大程度上依赖学塾对其子弟进行教育。为了让子弟能够接受教育，只要有条件，时人就设立家塾，亲自训育子侄及邑人。据《灵石县志》记载，灵石县人张玫，不仅设立家塾以教育族人子弟，而且对于前来求学者不收任何费用，如此坚持十几年如一日。庠生张翔梧，在雍正年间设立家塾，在其门下求学者达五十余人，足见其家塾教育影响之大。灵石城内人赵子璨，曾经是光绪壬午科的举人、壬辰科的进士，并担任过大清会典馆的誊录官，年老返乡，设立家塾训育子侄。还有王禹村人牛梦孔，幼年时曾学儒业，生活朴素，勤俭治家，晚年注重对子孙的教育，为此不惜财力，因而取得了一定的成效。

为了使子孙受到更好的教育，当时的士子还尽量延请一些名师宿儒来家塾任教。

民国《灵石县志》记载，灵石县夏门村人梁以治，在家中设立学馆，聘请当时的一位举人教授两个儿子读书诵诗，以期成才。明代山西蔚州梁氏家族的文学公，为子侄设家塾，“重赀延名师”。由于深明“敬师之道”，文学公要求对教师“饮食务精洁，束脩务丰足”。与此同时，文学公本人也不放松亲自对子弟进学的督促，其族谱中载：“（文学公）每于其子过庭时，必问曰，汝今日读何书？作何文？应之合，便欣然色喜；苟未当，即为之指陈书理，开明文义，必使了然于心口之间，然后已。”由此可见梁氏家族的文学公对家塾教育的重视程度。

显然，明清时期的山西，在普遍设立各级官学、社学、义学和书院的同时，民间士人还设立了大量的学塾，以对其子弟进行教育。所有这些，都在一定程度上反映了明清时期山西地方传统教育的发展状况。

延伸阅读

庠生，明清科举制度中，府、州、县学的生员被称为庠生。庠是古代学校的一种，所以学生称为庠生。

第二节　多元的教育内容

明清时期中国传统教育走向顶峰的另一个体现是教育内容的多元化。从山西民间各地的教育情形来看，时人所读之书遍及诸子百家，而以儒家的思想学说为主，还有些人明确反对仕进，只为追求实用，躬行实践。

关键词：儒学　实学　实用

一、经史子集　无不涉猎

翻阅有关史料，会给人一个初步的印象，那就是，明清时期山西民间传统教育的内容是比较广泛的。

在一些县志当中，我们能看到相应的记载。比如，乾隆《太谷县志》中记载太谷县举人孙倬庵："潜心经学，并肆力子史百家，晚年尤精于周易，融会贯通，直探先后天之奥。尝言，易兼理数，自周、程、朱、邵，后罕有窥其秘者，往学者浸淫佛老，尤不惮，力排异说。"显然，孙倬庵的治学，以经学为主，尤其是周易，但也广泛涉猎子史百家。再如，同治《河曲县志》记载，河曲人周炽元，就师后，熟诵儒家的四书五经，尤其对于朱熹的理学思想有精深的研究。后来设帐授徒，所传授的内容除经书之外，还注重介绍《少仪》《内则》《弟子职》等法家的代表性篇章和朱熹的《小学》及吕祖谦的一些代表作。不难看出，周炽元学习和教学的内容是以儒家经典为主而旁及其他的。

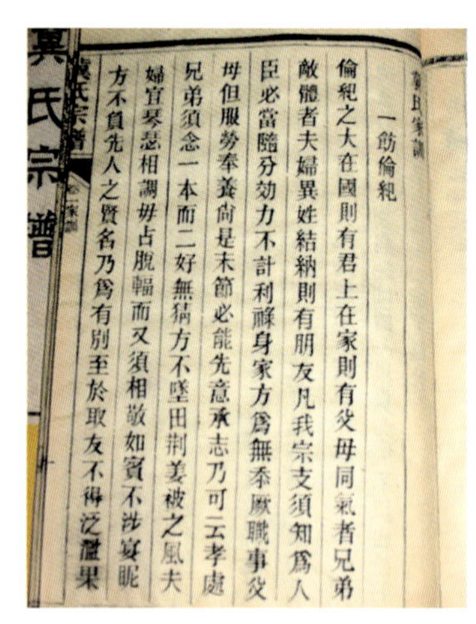
一飭倫紀
倫紀之大在國則有君上在家則有父母同氣者兄弟敵體者夫婦異姓結納則有朋友凡我宗支須知爲人臣必當臨分効力不計利祿身家方爲無忝厥職事父母但服勞奉養尙是末節必能先意承志乃可云孝處兄弟須念一本而二好無猜方不墜田荊姜被之風夫婦宜琴瑟相調毋占脫輻而又須相敬如賓不涉褻昵方不負先人之賢名乃爲有別至於取友不得泛濫果

山西平遥《冀氏宗谱》四卷，清冀麟书撰，清光绪三十年（1904）公安堂刻本。藏山西大学图书馆。《冀氏宗谱》有关于家训的记载，如"饬伦纪"等内容。

◆崇古书院，位于山西省平定县城西南冠山之上，分上、下两院，内院正面有西窑五眼，居中一明两暗，称崇古洞。

在一些族谱、家谱中，也有类似的记载。比如，明代山西蔚州《梁氏族谱》中记载其族人梁伯子，喜好传统文化，酷爱学习，博览群书，不仅沉迷于儒、道、佛、兵、小说等诸子百家的经典，而且涉猎地理、数学、医学等实用知识。同时喜谈诗文，历览唐千家诗、古汉乐府等。

二、崇尚儒学　传道育德

在明清时期山西一些县志和家谱中，有许多史料涉及当时民间士子受教和从教的具体内容。比如，同治《河曲县志》记载，河曲孝廉邬大成："七岁入塾，授以四子书，便成诵，辄解大意。"另有河曲巡检司人任东甲，当时因为家贫，而以教书为生："所居书室，书宋儒周、程、张、朱及明儒吕新吾先生格言，粘满墙壁，课徒，暇辄面壁坐，时时有所得，要于实践躬行……"此处

山西平遥文庙内鱼跃龙门石雕，寓意学子跃龙门学有所成。

延伸阅读

四子书，也叫四书，指《论语》《大学》《中庸》《孟子》四部儒家经典，此四书分别是孔子、曾子、子思、孟子的言行录，故称为四子书。

的“宋儒周、程、张、朱”，是指宋代儒学的代表人物周敦颐，程颢、程颐二兄弟，张载，朱熹。又如，嘉庆《灵石县志》记载，灵石县人张元甲：“博学好古，不事举业，凡小学、近思录、经书、史鉴、性理诸篇，无不穷究根柢，身体力行。”这里的四子书、宋儒、小学、经书、性理等等，都是儒家经典。可见，儒家经典是当时山西民间传统教育的主要内容。

儒家经典作为教育的主要文本和具体内容，时人主要是从中学习和掌握其所包含的基本伦理道德，诸如孝、悌、礼、义等等。

山西蔚州梁氏家族的族谱中记载其族人梁兵宪，对本族子弟“尝教以孝悌礼义及古今圣贤之事”。再如清朝太谷县南阳庄人阎敦本，是道光庚子举人，《太谷县志》记载他曾在家道中落后设帐授徒，“尝曰：‘士穷见节义，岂以贫富易吾操耶。’经术湛深，不为掇拾记问之学，教人以不欺为本”。这里的“节义”、“不欺”，显然都是儒家所提倡的“义”、“诚”等伦理道德规范。

关于这方面的教育内容，嘉庆《灵石县志》中有一则关于灵石县“重修庙学记”的史料记载，概括得非常全面而精练：“盖学也者，学为圣贤而已。圣贤之学，心学也，道德以为之地，忠信以为之基，仁以为宅，义以为路，礼以为门，廉耻以为垣墙，六经以为户牖。”也就是说，当时的教育简单地说就是学为圣贤，以六经为教本，具体内容则涉及忠、信、仁、义、廉耻等，以养成传统的伦理道德。

三、进学修德 不唯仕进

众所周知，“学而优则仕”历来是封建社会读书人的理想追求，明清时期的科举制度又是以程朱理学为考试内容、以“八股文”为规范格式的，自然，这些应当成为人们学习的主要内容。但是，有关资料显示，明清时期的山西，有不少士人无论是自己求学，还是在教育子孙后代方面，都明确反对仕进，而只求学问的长进和品德修养的提高。

据山西蔚州《梁氏族谱》的记载，其族人梁松山就明确表示，子弟不必追求仕进，只要真正掌握学问、不断提高自身修养即可。又如，民国《太谷县志》记载，清朝康熙年间太谷进士杜先瀛，在教学过程中，也是强调经史之学而反对科举应试的。还有太谷县敦坊村人杜宪，青年时曾在外做官，年老返回故乡，授徒讲学，他不赞成后人学习八股文，而注重经史古文的教学，这在当时产生了一定的影响。

由于淡漠仕进，当时的山西士人多数只注重学习古代圣贤之事，而不愿为章句之学所束缚。比如，山西蔚州《梁氏族谱》记载，族人梁兵宪在对子弟进行教育时，就“尝教以孝悌礼义及古今圣贤之事……（子弟）少长，不屑为章句之学”。乾隆《太谷县志》中有一则太谷县教谕黄鑑为太谷廪生杜凤麓所作的小传，其中写道：“喜读，不为章句学，务求古圣贤所用心，有志进取，尝纵谈天下事，已而乐道自适，视功名富贵泊如也。”另有山西洪洞薄村十甲的《王氏家谱》也记载其族人熙载公：“少从事举子业，既而厌弃章句。”

四、躬行实践　追求实用

值得注意的是，明清时期山西民间传统教育的内容，还有一个重要特色就是以躬行实践为宗旨，追求实用之学。比如，嘉庆《灵石县志》记载灵石县人张纯仁：“家居授徒，以躬行实践为教。”即把“躬行实践”奉为教学的宗旨，在自己教学的过程中就明确强调这一点。乾隆《太谷县志》中记载清朝时期世居太谷胡村的柳静庵：“读书求实用，不屑为章句学。”以“实用”作为读书求学问的最终指向。还有曾被邻里邑人奉为儒宗的太谷县举人孙庄，他在乡里从事教育活动，培养了一定数量的人才。民国《太谷县志》记载，他无论自己求学还是日后授徒，都以实用之学为主，尤其对于礼乐制度及水利、农田等方面的知识，更为注重。又据民国《灵石县志》记载，灵石县城内人赵子璨精于天文、算学，因此在“课子侄”的过程中，自然会对他们进行天文、算学等实用知识的传授。

对于年龄较小、从没读过书的儿童，还有的村学会将他们组织起来，进行以识字为主的基础知识教育。同治《河曲县志》记载，河邑每年农闲时节，许多村学就会将乡间子弟聚在一起进行教学，称之为“教冬书”。所教内容除

山西祁县乔家大院的书房院门楣上镌刻着“学以致用”四个大字，说明躬行实践、追求实用的宗旨。

了四书之外，还有《三字经》《百家姓》和《四言杂字》等。这些内容的传授，对于初步接受教育的孩子来讲，无疑具有实用的价值。

综上所述，明清时期山西民间的传统教育，其具体内容主要是儒家的伦理道德和传统的经史典籍，还有算学、经济、水利等实用知识，有着明显的追求实学、实用的特点，强调躬行实践，而且明确反对科举应试。可见，山西民间的传统教育已经出现了明显的经世致用的倾向，这在当时官方的教规中也有清楚的表述。

延伸阅读

章句学，汉儒所创立的一种研究儒家经典的学问，重在解释篇章字句，而不在阐发大义。此处的“章句”指的是朱熹的《四书章句集注》，是元以后科举考试的答题标准。

《三字经》，中国旧时流行的蒙学课本之一，相传为宋王应麟撰（一说为宋末区适子撰）。每句三字，句句成韵，通俗易懂，便于背诵。全书在论述教育重要性和封建道德教育基本纲领的基础上，介绍了一些名物常识、历史知识以及古人勤奋好学的范例等，使儿童在很短的篇幅内获得较为丰富的知识。

《百家姓》，相传为宋初所编，作者佚名。集汉族姓氏为四言韵语的蒙学课本，以识字教育为主。

实学，“实学”这一概念，在不同的历史时期具有不同的含义。在宋儒那里，实学就是讲习《春秋》，观览《资治通鉴纲目》，遵守祖宗法制，其实仍是道学的变体。明代实学分为两大理论流派，一为“明体达用”派，恢复儒学“内圣外王”的精神，强调“学仕合一”；一为“王霸并用”派，也称之为“义利双行”派，他们不讳言“富强”，以“富国强兵”作为一生追求的终极目标，他们抛弃道学家游谈无根的陋习，更多地注意那些有关国计民生的事情。在清儒那里，实学即指朴学、汉学，以与宋代道学相区别。

同治《河曲县志》中有一段清朝时期河曲县训导谭遵宪所作的“教规浅说”，其中就强调:“从来民风惟视乎士习,而士习必本于教规。余以菲材职司训导，只有率士励行，劝士勤学，二事所当勉也。然事虽二而理则一，学则学所当行，非第寻章摘句；行即行其所学，要当矩步绳趋。敬立为教规……夫治艺取士始于宋时，而宋胡安定先生教授苏湖，立经义、治事二斋以教学者，一时从游之士明体达用，所学在是，即所行在是。朱子有云:举业不患妨功，惟患夺志。倘由举业起家，行义达道，济世安民，此又训导所深望也。”在这里，作为一县之训导的谭遵宪，在制定教规时，明确地提倡实行、实学和经世致用的精神，这在一定程度上反映了当时教育的实用倾向。另外，在乾隆《太谷县志》中有太谷县邑令吕崇谧所作的“凤山书院碑记”，其中写道：“夫书院之建，非以薄浮名饰观美也，又非徒为猎取富贵利达之地也。必得笃行好古之儒为之师，日以明体达用之学相课督，将以之进取，则挟持有具……”也就是说，在邑令吕崇谧看来，书院的创建，不是为了求取功名富贵，而应当坚持“明体达用”的宗旨。

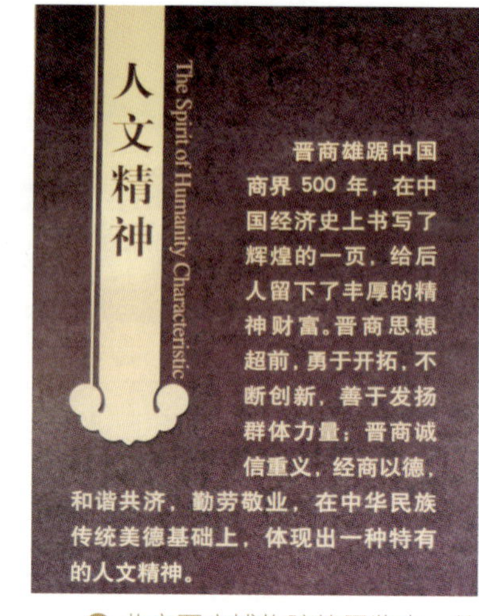

北京晋商博物院的展览中，总结概括了晋商的人文精神。

值得肯定的是，当时山西地区民间传统教育内容的这一实用倾向，应该说与明清时期经世致用的实学思潮趋于一致。

有着悠久文明历史的山西，到明清时期，其文化学术思想有了更进一步的发展。而在这种多元文化的背景中，占主导地位的是以儒家思想为主的传统文化。与此同时，山西地区府州县学、社学、义学及书院广泛设立，民间私塾也更为普遍，它们在当时都是传播儒家思想的主要机构。这就使得明清时期山西地方的儒学教育有一定程度的普及和发展。生活和成长于这种环境之下的山西商人，在当时这种文化氛围和重教风气的影响之下，大多在童年即承师受业、读书问学，因此，他们接受这种传统文化教育的感染和熏陶，就是很自然的事情了。

第二章

从儒到商　亦商亦儒

传统意义上的儒商，是指以儒家所弘扬的道德精神作为行为准则的商人。明清时期的山西商人大都有“弃儒从商”的经历，也就是经商前多数人接受过不同形式、不同程度的教育，有一定学识。因为不同的缘由放弃学业投入商海后，他们仍然怀有浓厚的儒学情结。有的一边经商一边学习，为的是圆自己的儒学梦；有的尽其所能为子弟争取读书受教育的机会；有商人崇尚学识，通过各种渠道接济儒生、广交士人；而大多数晋商则身着贾服，践行儒道。让我们穿越时空隧道，共同见证晋商“儒雅”的一面。

第一节 普遍的“弃儒服贾”

“儒”,文化和教育的代名词,“贾”则指经商行为。翻开有关山西商人的种种史料,可以看到,他们大多都有读书受教育的经历,而由儒到商的转变则因人而异。

关键词:学儒 服贾 弃儒从商

一、幼而学儒 长而服贾

在传统的中国社会,几乎所有的人都自觉不自觉地接受着以儒家思想为主的传统文化的影响,明清时期的山西人也不例外。

翻阅有关晋商的史料,可以发现一个普遍而有趣的现象,这就是,晋商中的多数人都有过“弃儒服贾”的经历。也就是说,他们在迈向商途之前,都有“学儒”的经历。

由常赞春纂辑于民国时期的《山西献征》中记载,洪洞人刘采臣:“幼读书,以身体力行为贵,长,业商于山东。”说明刘采臣是先读书,后经商。在李百勤的《河东出土墓志录》中,有一则刻于嘉靖三十六年(1557)的《孙厚庵墓志铭》记载:“公家世世服贾,往来淮浙间。公幼尝为诸生,业□不愿也,公则时时至关中,游三原大贾间。”在这里,孙厚庵为诸生的过程显然是接受传统教育的过程,而后又去各地从事商业活动。

《河东出土墓志录》书影

同治《河曲县志》记载,河曲县人赵昌运幼年时期读书学儒,有很强的领悟能力。长大后,经营商业以谋生。同是河曲县人的李萼,“读书十六岁,即令就商贾业”。

“弃儒服贾”中的“儒”,如果仅从字面意

思上看，指的是“儒学”、“儒业”，但实际上，由于中国封建社会传统教育的内容主要是儒家经典及其所包含的思想和精神，儒学在传统教育中居于主导的地位，所以人们常常把教育活动泛称为“儒业”。这样，史书中所说的“弃儒服贾”，就是指从接受或从事传统的教育活动转而经商。

在明人张四维的《条麓堂集》中，这一类的史料随处可见，尤其是关于明朝时期蒲州商人“幼业儒、长经商”的记载更为集中。比如，蒲州商人任光溥，从小就立志学习儒家经书，致力于周易的研习，夜以继日，废寝忘食。但后来由于家庭的原因“弃而服贾”。蒲州商人沈邦良，“幼知学，进取甚锐，后以家务服贾”。还有张四维的五弟张四象，从小聪颖异常，熟读经书，博闻强识。但是，由于其父亲张允龄出外经商，其兄弟都在家塾读书，而张四象在料理家务方面又表现出超出同龄人的能力，所以其母“遂令辍学业，治生计焉”。

以上这些记载虽然只涉及蒲州商人，但由于历史上晋商的兴起有一个从南向北的过程，而明朝中期，山西境内的商人主要集中在南边的蒲州等地，所以，此时蒲州商人的情况，基本上可以代表和反映晋商的整体状况。从这些史料可以看出，晋商中的多数人在“服贾”之前，都有“学儒”的经历，都接受过传统文化的熏陶、传统教育的影响。

披览明清时期山西各地的方志，关于山西商人的成长经历，“弃儒服贾”之类的记载比比皆是。光绪《续猗氏县志》记载，猗氏县孙家庄人荆百达，“幼好读书，以家贫贸易河南”。猗氏县监生张映斗，“好读书，因家贫服贾翼城”。民国时期的《安邑县志》抄本中，谈到安邑县人吕鸿章时，说：“少孤家贫，弃学经商。”

在明清时期山西商人的家谱、族谱中，类似的记载更为普遍。

洪洞商家王氏家族的王元之，“早游庠序，精举子业”，即当时读书受教育已经达到相当高的程度，但是后来不忍心父母为其操劳，因而“既乃废书”，并且“出门应务”，转而经商。同是王家后人的王艮楼，“童稚时，即善记诵，攻举子业”，即从小就接受传统教育。长大后，才出外经商，而且获得了很高的收益，几乎可以与古代的富商陶朱公、猗顿等媲美。

汾阳《儒侨陈氏宗谱》记载，商家陈氏家族的第十三世陈周邦，从小学习儒业，志向远大，但不久兄弟分家后，迫于生计，不得不放弃儒业，经商养家。其另一族人尚平公，幼年聪慧机灵，读书识大体，受到时人的好评。青年后由于认识的改变，弃儒从商，家产益饶。

细绎史料可以发现，明清时期晋商中的出类拔萃者有一个共同的特点，那就是其幼年之时都曾受到过良好的儒学教育，他们多数人都是秀才，有的甚至中过举人。

明代富商李明性，从小就进入私塾读书，后来外出，在陕西、甘肃一带进行商业活动。首创票号的财东李大全，天资聪颖，读书过目不忘，在家塾中受到了正规教育。

山西票号始祖雷履泰，出身书香门第，自幼读书。后来受山西社会重商舆论的影响，加之家境不算富有，成年后的雷履泰就没有遵从父辈要求其走功名仕途的意愿，而投身于商界，弃儒就商，当了学徒，最终成为山西票号的经理人。

山西商界领袖曹润堂，幼年时曾在家塾中接受过系统的儒学教育，具备了比较高的文化素养，后因科场失利，转而经商。

祁县富商渠本翘，出身商贾之家，自幼刻苦勤读四书五经和诗词文集。1888 年参加省城乡试，考取了全省举人第一名解元；1892 年赴京参加会试和殿试，考取了进士，后来成为山西商界的领袖人物。

清朝时期山西著名商人乔致庸，早年时也

延伸阅读

庠序，古代学校的别名。庠为传说中虞舜时期的学校；序，起初是教射的地方，夏朝时发展为奴隶主贵族公共活动的场所，教育是其重要职能之一。

举子业，主要是背诵朱熹编撰的《四书集注》，再练习作八股文，以科举中第为目标。

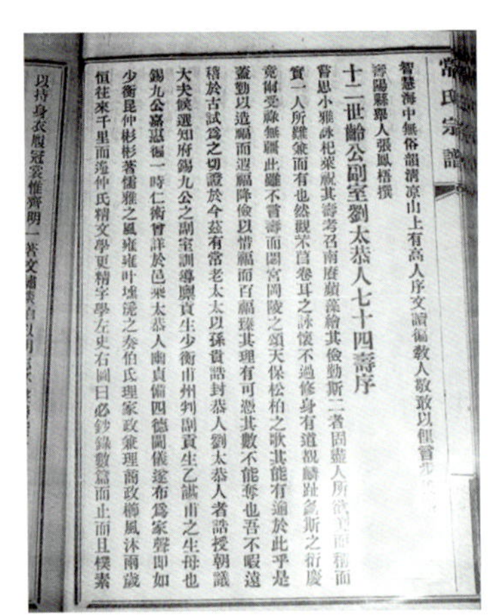
常氏宗譜

智慧海中無俗韻清凉山上有高人序文讀徧教人敬敢以俚[illegible]

壽陽縣舉人張鳳梧撰

十二世齡公副室劉太恭人七十四壽序

嘗思小雅詠杞棘祝其壽考召南賡蘋藻綸其儉勤斯二者固盡人所[illegible]而稱而實一人所難兼而有也然觀芣苢卷耳之詠懷不過修身有道靚麟趾螽斯之衍慶竟爾受祿無疆此雖不嘗壽而閟宮岡陵之頌天保松柏之歌其能有踰於此乎是蓋勤以造福而遐福降儉以惜福而百福臻其理有可憑其數不能奪也吾不暇遠稽於古試爲之切證於今茲有常老太太以孫貴誥封恭人劉太恭人者誥授朝議大夫候選知府錫九公之副室訓導廪貢生少衡甫州判副貢生乙誠甫之生母也錫九公嘉惠徧一時仁術曾詳於邑乘太恭人幽貞備四德閫儀遂布爲家聲即如少衡昆仲彬彬著儒雅之風雍雍叶塤箎之奏伯氏理家政兼理商政櫛風沐雨歲恒往來千里而逸仲氏精文學更精字學左史右圖日必鈔錄數篇而止而且楔素

以持身衣服冠裳惟齊明一著文[illegible]

《常氏宗谱》六册，常赞春编，民国九年（1920）铅印本。介绍了晋商常家的世系情况。

是立志要以“儒术荣门阀”，通过学儒来振兴家族，所以他曾经有很长一段时间的学儒经历。只是后来因为家庭的变故和自己意识的转变，才决心继承祖业，在商界大展宏图。

平遥县源祠村人李宏龄，自幼好学，熟读经史。因家道中落，生活艰难，弃儒就商。

榆次郝家沟金融大亨贾继英，他的父亲贾文明有一定的文化知识，被人称为“贾秀才”。继英从小受父亲教读，后来又进入私塾进一步接受教育，继而进入“大德恒”票号当学徒。继英精明干练，有胆有识，善于应对，被掌柜提拔为“跑街”（商号叫“跑外的”），常驻太原，社会交往日广，在省城太原逐渐有了声望。

在榆次巨商常氏家族的《常氏家乘》中，到处充溢着关于其族人“弃儒就商”的史料记载。九世常万达，早年曾接受传统文化教育，到 20 岁左右，才放弃科举仕途之路，转而从事商业贸易。常万达的长子常怀玗“幼而课读，颖异非常；长而经商，辛苦备至”。显然，在经商之前，他是有过幼读经历的。十二世常怿，幼时“酷嗜读书”，长大后遵命“谢章句”，“随父服贾张城”。十三世常维丰“生而颖异，束发从师，勤诵读……辞章粹美，识者器之”。后来因其祖先在张家口经营商业，他也走上了弃儒从商的道路。北常十三世

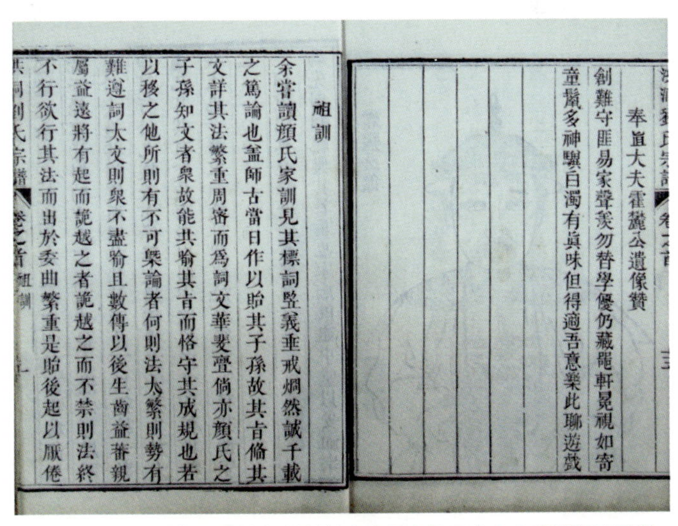
奉直大夫霍麓公遺像贊
創難守匪易家聲奚勿替學優仍藏罷軒冕視如寄
童騃多神驥白濁有眞味但得適吾意業此聊遊戲

祖訓
余嘗讀顏氏家訓見其標詞竪義垂戒炯然誠千載
之篤論也蓋師古當日作以貽其子孫故其言倫其
文詳其法繁重周密而爲詞文華斐亹倘亦顏氏之
子孫知文者衆故能共喻其言而恪守其成規也若
以移之他所則有不可槩論者何則法太繁則勢有
難遵詞太文則衆不盡喻且數傳以後生齒益蕃親
屬益遠將有起而踰越之者踰越之而不禁則法終
不行欲行其法而出於委曲繁重是貽後起以厭倦

《洪洞刘氏宗谱》，山西的家谱材料中有很多关于商人弃儒经商的记载。

常立仁："幼读书强记，为同塾冠……遂弃举业，任家事，且随叔营商业，去而服贾。"十三世常立训也是一位考中秀才、选为拔贡而后又继承商业的巨贾。他曾说："子曰：'不患无位，患无所以立。'吾家世资商业为生计，人处其逸，我任其劳，为有立也。"在他看来，当官是安逸的，经商是辛苦的，但经商可以"立身"。从这里，我们既可以看到常立训弃儒经商的历史事实，又能了解到他如此做的原因，其实也正是传统教育中"立世"思想对晋人从商的影响。

十四世常光祖，26 岁时其父常维城去世。为了承继祖业，常光祖"抛弃笔砚事，留神经纪"。当然，家乘中后人的追记自然少不了溢美之词，但透过这几则材料，我们可以捕捉到的基本信息是，常家族人在经商之前，几乎无一例外地都接受过传统文化教育的熏陶，这是不容置疑的客观事实。

晋商中的多数人在早年都有过读书学儒的经历，这在一定程度上表明晋商与传统教育有着某种事实上的联系。然而，在一般人看来，晋商既然"弃儒经商"，就表明晋商对于以儒学为主的传统文化是"弃"之不就的，而以此为依据，就片面地认为晋商不重视文化教育，这显然是不合适的。那既然不是轻视文化教育，为什么又普遍地放弃儒业呢？晋商"弃儒经商"的具体原因可以给予我们一定程度的回答。

二、弃儒从商　多是无奈

任何事物的形成和出现都有其特定的背景和具体的原因，晋商"弃儒经商"的具体原因主要有以下几个方面。

（一）迫于生计，弃学从商

很多自幼读书的山西人，后来之所以选择经商，是出于自谋生计的需要。明人韩邦奇在他的《苑洛集》中，谈到明代蒲州著名商人王瑶时写道："公，蒲善士，为养而商也。"此处的"养"，是指养家糊口，即是说，王瑶本来是著名的学人，但后来由于家计的原因不得不转而经商。据张四维的《条麓堂集》记载，明朝蒲州商人任原泉幼时曾致力于《周易》等儒家经典的研习，后为

山西运城万荣李家大院的门楣上雕刻着“深藏若虚”。

家务所累，而不能坚持完成学业。在李百勤的《河东出土墓志录》中，收录了明朝时期安邑人李东田的墓志铭，其中有这样的文字：“聪敏嗜学，缘时逢不辰，家计伶仃，不得已，仰遵父命，徙业营商。然而非其志也。” 这本书收录的另一则史料是明万历年间《展母柳氏墓志铭》，其中说到柳氏之夫展槐亭，从小学习儒业，长大以后迫于生计，不得不从事商业活动。

在山西各地的县志中，类似的记载不胜枚举。光绪《续修稷山县志》记载，稷山县监生段景芳：“聪敏嗜读，为境遇所迫，托业商贾。”民国《解县志》记载解县人张承志：“善读书，家贫少孤，不得已弃儒业商。”同治《河曲县志》记载，河曲县人王康斋：“性聪敏，酷耽史学，奈为境遇所夺，甫弱冠，即弃儒业商。”光绪《祁县志》记载祁县人袁佩成，自幼丧父，“事母以孝闻”，所以毅然停止读书，“牵车服贾为人口计”。光绪《永济县志》记载，永济县处士王锡之的妻子戴氏由于“家道中衰”，就“命子辍读业商，自理家务”，等等。显然，这些人之所以“弃儒”，都是因为生活所迫。

在一些晋商的家谱资料中，更不乏这样的记载。代州著名商家冯氏家族的冯季修先生 15 岁时，也是因为家境贫寒不得已而辍学经商。盂县商家石氏家族的六世显玉：“幼时读书颖悟，器宇非凡，立志欲光大门闾。长，因家拮据，弃举业，替父兄贸迁，游吴楚间。”介休商家温氏家族的族谱中说其族人温绍周：“少年读书，能明大义，识者每以大器目之。因家道淡泊，弱冠，即贸易京师。”

延伸阅读

弱冠，古代男子二十岁行冠礼，以示成年。但体还未壮，所以称为弱冠。后来用弱冠泛指二十岁左右的年纪。

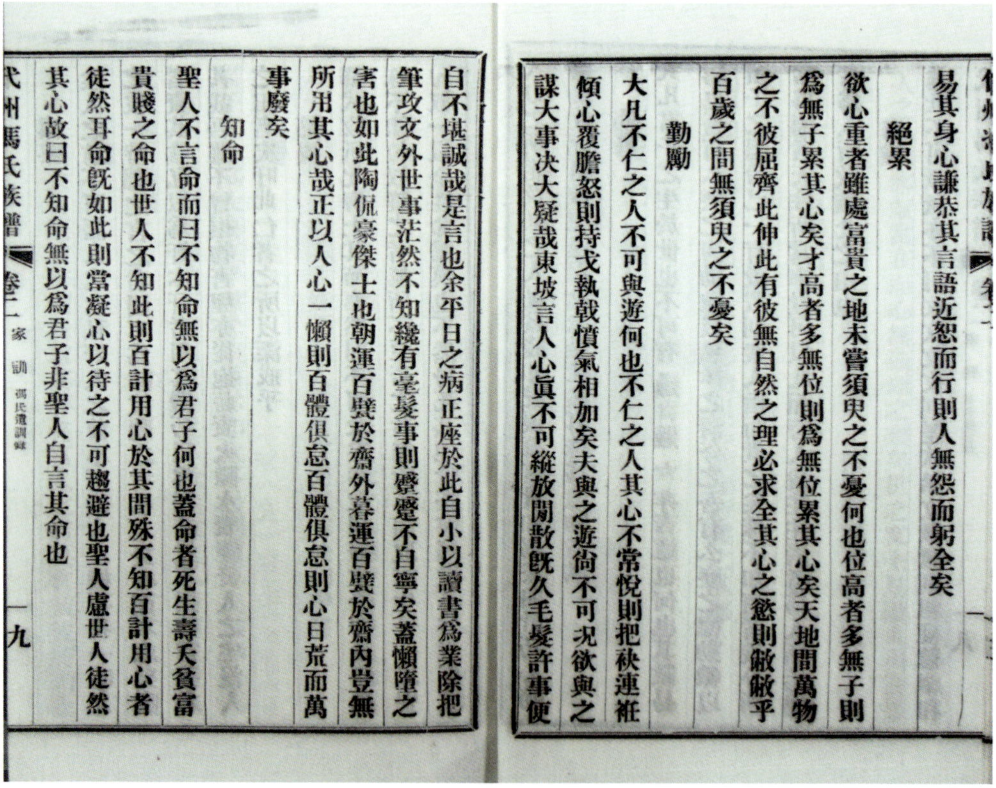

易其身心謙恭其言語近恕而行則人無怨而躬全矣
絕累
欲心重者雖處富貴之地未嘗須臾之不憂何也位高者多無子則
爲無子累其心矣才高者多無位則爲無位累其心矣天地間萬物
之不彼屈齊此伸此有彼無自然之理必求全其心之慾則敝敝乎
百歲之間無須臾之不憂矣
勤勵
大凡不仁之人不可與遊何也不仁之人其心不常悅則把袂連袵
傾心覆膽怒則持戈執戟憤氣相加矣夫與之遊尚不可况欲與之
謀大事決大疑哉東坡言人心貟不可縱放閑散既久毛髮許事便

自不堪誠哉是言也余平日之病正座於此自小以讀書爲業除把
筆攻文外世事茫然不知纔有毫髮事則蹙蹙不自寧矣蓋懶墮之
害也如此陶侃豪傑士也朝運百甓於齋外暮運百甓於齋內豈無
所用其心哉正以人心一懶則百體俱怠百體俱怠則心日荒而萬
事廢矣
知命
聖人不言命而曰不知命無以爲君子何也蓋命者死生壽夭貧富
貴賤之命也世人不知此則百計用心於其間殊不知百計用心者
徒然耳命既如此則當凝心以待之不可趨避也聖人處世人徒然
其心故曰不知命無以爲君子非聖人自言其命也

代州馮氏族譜 卷二 家訓 馮氏遺訓録 一九

《代州冯氏族谱》四卷，冯曦等撰修，民国二十二年（1933）石印。明中期冯氏由山东寿光迁居山西代州，后由经营盐业积累了大量财富。

定阳商家张氏家族张兴庵，因为“家事拮据”而“弃儒就商”。解梁孙氏家族的孙康翁，年少时“读书专嗜大家，不趋时务”，到中年后，因家道拮据，弃儒就贾。山西崞县商人徐氏，其族谱中记载，“先君子以家贫废读，服贾大同”。说明徐氏先祖也是因为家贫而废读服贾的。其族谱中还记载徐氏另一后人，“幼敦厚，嗜读书，尤好左氏、谷梁氏家言，平生行事每合其义。后以家寒岁俭，遂废耕读商于大同，非其志也”。洪洞商家刘氏家族的刘午庄，其经商的原因是父兄相继去世，他为了维持家务，而无奈“辍举业”。

山西著名的票号商人高钰，“以家道中落，遂改儒就商”。榆次著名商家常氏家族的九世万玘，一心只读圣贤书，年未弱冠，就读书于家塾，而且非常勤奋刻苦，取得了较好的成绩，得到时人的肯定。然而不久，家中发生变故，生活境况渐窘迫，于是他的母亲不得不劝他弃学从商。

还有的山西商人，由于家庭条件不能同时供几个人一起读书，于是，兄弟几人中，有的选择经商，以供其他兄弟读书。太原王氏家族的王时缙，其父常为家中男孩多、生活窘迫而忧虑，更不用说让孩子们读书了。王时缙为解父忧便出门经商。曲沃县人仇步奎，兄弟几人都酷爱读书，但是家境贫寒，不能供几兄弟一起完成学业，他便“出外贸易”以供其他几个哥哥读书。河曲县人常怀礼，兄弟三人，他排行老二，幼时聪颖智慧，读书过目不忘。始而业儒，既而其父弃世，母虑家计维艰，谓怀礼曰:“吾家世居此土，势孤且贫，其将何以为生？”怀礼泣曰：“母勿忧，儿将极力支持，兄不虞菽麦不辨，弟不虑饔飧无资也。”遂服贾。在这种家庭中，对于选择经商的这部分人来说，实际上他们弃儒从商的原因还是为生活所迫。

无数的贫寒子弟，迫于生计而弃学经商，他们还没有来得及饱读经书，就被迫失去了继续读书的机会。通过这些史料，我们感受到的也许不仅仅是他们放弃学业的无奈之情，更有晋商对待传统文化教育的恋恋不舍。

山西乔家大院的门楣上书“百年树人”，把教育育人的理念体现在日常环境中。

（二）为士不成，乃出为商

晋商中还有一些人本来是以儒业为主的，但是由于各种原因而“屡试不售”。学者林大雄在其《传统中国商人的文化考察》一书中把“屡试不售”解释为：旧时的读书人屡次三番地参加科举考试而未能成功。形象地说，就是没有把自己“卖出去”——登第为宦。既然为士不成，他们便转而经商。

在一些现存的明人文集当中，读书人由于没能登第而弃学就商的记载随处可见。韩邦奇的《苑洛集》中记载平阳府蒲州著名商人席克新：“幼时学举子业，不成，又不喜农耕，曰：‘丈夫苟不能立功名于世，抑岂为汗粒之偶不能树基业于家哉！’于是，历吴越，游楚魏，泛江湖，懋迁居积，起家巨万金，而蒲称大家，必曰‘南席’。”此书还记载蒲州商人王瑶的父亲，其经商的原因是“累试不第”，即“屡试不售”。李梦阳《空同集》中，记载蒲州商人王文显时写道：“初，文显为士，不成，乃出为商。”王家屏在《复宿山房全集》

山西榆次常家庄园听雨楼下“尊贤崇礼”匾，显示晋商的尊儒理念。

中，对代州商人杨继美是这样描述的：“少受读乡里……少之已念，四民之业，各有所托已成名。今纵不能殖学以显……已乃挟数千金装，游贾江淮间。”张四维的《条麓堂集》中，记载蒲州商人任原泉，幼年时代曾经攻读“举子业”，但屡考不第，于是就“弃而服贾”，他的同学朋友都为之可惜。

洪洞商家王氏家族的王双池，生来聪颖异常，读书多年，但科考不利，便志愿学商，“父命与兄东台公北入云中，南游江淮……奇猗顿之术”。这里的“猗顿之术”特指经商的才能。太平县人赵择：“家世贫窭，负才倜傥，补弟子员，以数郁郁不得志……晚年，商中州十余载。”从“郁郁不得志”，我们可以想见赵择屡次科考的尴尬境遇，更能理解其晚年经商十余载的具体缘由。

诸多业儒不达的读书人追求功名权位不成，便转而谋求财贿富厚，毅然投身商海。虽然为士不成，但他们在为士的过程中，便尽可能多地接受了传统文化教育的熏陶，这是自不待言的。

（三）承继祖业，投身商海

因家业无人管理，不得不放弃儒业而承继祖遗商业，挑起当家理财之重任，是晋商弃儒经商的又一个原因。

洪洞几个著名商家的家谱、宗谱中充满了这样的记载。王氏家族的王仰奎，聪慧机警，领悟能力极强，在同龄人中出类拔萃，受到塾师的器重。及至壮年，"以家政弃举子业，名虽未显，而家道日隆也"。李氏家族的李鲲翁，"少即卓颖，名重庠序。后以家政繁剧，遂弃举子业"。其另一族人李克明，"读书即识大义，嗣以家政繁剧，未获卒业"。族人李畹香，幼年时期就勤奋读书，但年长以后，因为"家政繁剧"而不得不放弃学业。"家政繁剧"是李氏族人放弃学业的共同原因。"家政"显然是指家庭的事务，而对于当时已有一定基础和规模的这些商人家族来说，则具体指其家族的商业事务。因此说，这些族人的"弃儒就商"，是因为继承祖上留下的商业的需要。

作为商人的后代，在其父辈年高体弱、不能继续经营商事的情况下，他们便不得不放弃儒业，承继祖业。洪洞商家刘氏家族的宗谱中，对其族人就有类似的记载："公生而颖异，出外就傅，即日诵数百言，子史经传无弗解。"后因其父克庄公年事已高，不能继续料理家传商业，于是就"废举子业，经营齐鲁间，知人善任，不数年，基业恢宏，人目为陶顿焉"。榆次巨商常氏家族的家乘中记录其十四世常承祖，在其父亲年迈后，"不得已辍读经商，往来多伦、宣化间"，为继承家传商业而"辍读"并走向商途。

出生在商人家庭，接受父母之命而辍学经商，也是自然的事情。明人张四维的《条麓堂集》中记载蒲州商人李仲节："年益长，父命商于兖豫之间，剂量盈缩，善与时轻重，其产遂饶。"《常氏家乘》中记载常万育，从小就上家塾，勤奋用功，饱读诗书。长大后，母亲命他学"陶朱术"，他顺从母命北上经商，凭借先人遗留下来的资产苦心经营二十载，家产日益丰厚。

如果说上述因生活所迫而弃儒者是一种无可奈何，因为士不成乃转而经商是一种迫不得已的话，那么，这种富商大贾为承继祖业而经商则是一种自觉的人生选择。他们在具备一定的文化知识以后，便毫不犹豫地投身商界。

尽管晋商“弃儒就商”的原因各不相同，但我们可以看到一个客观的事实，这就是，大多数晋商在投身商海之前，几乎都经历过“学儒”的过程，也就是说，明清时期的晋商普遍接受过传统文化的影响和教育，尽管这种教育有的是非正规的，有的为时不长，但可以肯定的是，他们的确是从传统文化教育中走出来的一代商人。

第二节 浓厚的儒学情结

步入商海的晋商，大多数是迫于无奈，因为不能为学入仕而遗憾终生。于是，经商之余潜心研学者大有人在，为弥补遗憾而为子孙后代创造学习机会更为可叹。同时，与读书有为的人士亲近，体现了晋商尊儒重士的理念。

关键词：贾而好儒 商籍 运学

一、为学不能 恨意绵绵

长期接受传统文化教育的熏陶，又凭着在经商实践中对儒家思想观念的深刻体验，本着对家族前途命运的负责精神，晋商对以儒学为主流的传统文化有着深深的眷恋。

明代万历年间，安邑人刘仁厚的父亲刘泽是一个长期经商、且有一定资产的大商人，但是在其年迈之时，给刘泽最大安慰的不是商绩和资产的积累，而是其子刘仁厚的读书潜质和学识能力。当他择汉史中的数条考问刘仁厚，刘仁厚能“响答”时，他便觉得“吾族书香有属矣”，因此而“喜”，于是“急归以成吾子”。一个热衷于儒学教育的形象栩栩如生。明人李梦阳的《空同集》中，记载蒲州商人王文显时说，他的父亲对其“弃士就商”的行为本来就不满意，后来，文显专注于对史书的研习，有时“质于其父，父则又大惊，喜曰:现也，汝商而士也，乃吾今何憾矣”。 王文显父亲的儒学情结跃然纸上。

情系儒学，如果没有接受足够而正规的传统教育，其内心自然会充满遗憾。在明清时期山西商人的家谱中，这方面的史料随处可见。代州巨商冯氏家族的族谱中，记载其族人冯季修，因为家道中落而没能完成学业，不得不于十五岁时就“贾京师”，所以他的心情是“不以游夏显，而以管鲍名，惜矣……”他感叹自己不能像子游、子夏那样学有所成，却从事经商活动，成为商人，为此而感到非常可惜和遗憾。盂县商家石氏家族的族谱中记载其九世维岱，幼时读书能记，过目不忘，曾经是太学生。后来“为家务累，废书”，

山西平遥文庙大成殿内孔子像。

即因为家庭的拖累而不得不辍学经商，维岱因此对不能读书心存不甘，所以“终以为憾事”。

就连清朝时期山西最有影响的巨商大族中的大商人，也是如此。著名晋商乔致庸，身在商海，却酷爱读书，一生手不释卷，在村民眼中“俨然一老书生”。乔家客厅的对联上这样写道：“幸有两眼明广交益友，苦无十年暇熟读奇书。”这副对联正与其门前左宗棠的赠联“损人欲以复天理，蓄道德而能文章”意趣一致，传递着主人在“商”却求“儒”的一种心境。太谷巨商曹氏家族的创业者曹润堂，曾经立志学儒，光绪乙丑中举，但因家政所累，而“不克一展其抱负”，所以“牢骚无俚之况，一寄于诗词中”。很清楚，曹润堂在诗词中表达了自己读书求学的强烈愿望和未能完成学业的遗憾之情。

走向商途的山西人，其内心有着浓厚的儒学情结，这一情结决定了他们在经商的过程中是不会与传统的儒学教育彻底绝缘的，而是一种“亦贾亦儒”的形象。正如学者林大雄先生在其《传统中国商人的文化洞察》一书中所言：“隐于商的人，虽然其弃儒经商的原因各不相同，但有许多保持了士的爱好，同样也具有洁身自好、出泥不染的品格。虽然人寄迹于商，但心却志于学问。有的熟于经史，有的琴棋书画不离左右。更有许多人，晚年将商务交托子弟，自己完全脱身出来，倒真是过起了隐士生活。”

晋商的儒学情结主要表现在经营商业的同时，一方面自己抓紧时间读书学习，另一方面又为其子孙后代争取接受教育的机会，而且还努力地结交儒士，以在精神上安慰自己和在道德修养方面提高自己。

二、身在商海　情系读书

一些弃儒经商、弃士从商的山西人，虽然是没有功名的普通商人，但是由于深受传统文化教育的影响，他们在弃儒就贾以后，不改初衷，一面从事商业活动，一面读经治史。他们仍然是“商而兼士”，具有“贾而好儒”的特色。他们的行为方式有一个明显的特征，这就是对儒学有浓厚、持久的兴趣，正如清朝学者戴震所言：“虽为贾者，咸近士风。”他们嗜书如命，乐此不疲。

明人张四维的《条麓堂集》中，就记载了不少明代蒲州商人经商和读书学习的情况。商人任光溥，自小聪慧，立志读书学儒，且非常用心刻苦。虽然因为家务所累而弃儒就商，但他的志向仍在读书：“虽挟资远游，所至必以篇简自随，遇贤嘉言则手录之，久久成帙，题之曰《日用录》。”可见，商人任光溥经商的同时，随时随地都注重读书学习。商人沈邦良，弃儒服贾以后仍然酷爱读书。史料记载，他在外出经商的过程中，常常随身携带小学、通鉴一类书籍，每有空闲便习诵之，遇事往往引经据典。除此之外，他还工于楷书，长于近体诗，此类书籍也充盈其书箱。所以“铭曰，儒行商名”。如此，一个喜好读书习诵、注重考证、擅长书法的书生形象跃然纸上。商人沈东潮，年幼时因为家庭的原因被迫辍学就商，但他仍十分喜欢读书，“舟车所至必携短帙自随”，所以“为能多通于方技小说家之言，其算数有声于厘井间”。

明人韩邦奇的《苑洛集》记载明朝蒲州商人王瑶，原本是蒲州一带有名的读书人，后因为生计问题弃儒就商。但是他“转输居积而手不离简册”，坚持勤学苦读，所以“乡闾爱之，朋侪宗之，士大夫崇让之”。此文还进一步说

道 :“唐儒有言，人固有墨名而儒行者，夷论公世可谓商名而儒行矣，斯亦不足以有述乎。”这里的“商名而儒行”，是指虽然身在商界，但志在读书受教。后来在其父的教导下，他学习孝经、四书等，都能领略大旨。

洪洞商家王氏家族敏庵公,天性孝友,重义轻财。幼年时就进入邑庠读书,后来因为家事繁剧,不得已放弃“举子业”。但是,他“未尝废书,暇则手一编,凡经史子集无不浏览”。如此勤于读书，所以“于古今得失之材，皆能指其窾要焉……”“至则纵谈经史诗文，不作以鄙语”。代州商家冯氏家族的冯季修，虽然以贫辍学，入都习贾，但是“不肯因贾废学，得暇，手一卷”。其另一族人合三公,也喜欢读书学习,虽然长年在外经商,谋食奔走,但“未尝废读”,所以后来“甚有文誉”。洪洞商家李氏家族的李鲲，少年聪颖卓异，在邑庠读书很有名望。后来也是因为家政繁剧，才辍学经商的。但他不忍心放弃学业，于是“经理少暇，辄手执一卷”。诸如此类的材料透露出“弃儒服贾”的晋商

山西祁县乔家大院的“履和”碑，旁边左宗棠赠对联上写着“损人欲以复天理，蓄道德而能文章”。中是“百寿图”，一个字一个样，字字有风采。掩壁两旁左宗棠题赠的意味深长的篆体对联，与乔家所秉承的“和为贵”的中庸之道是相宜的。

学儒受教育的迫切心情以及浓厚的儒学情结。

民国《太谷县志》中记载太谷商人温忠善，因为家业中落而被迫经商，在经营筹划的同时，他“不以顷刻废学”。不但自己坚持学习，还为后代读书受教育创造条件。《河东盐法志》记载，永济人薛英贤，因家庭变故，为生活所迫而辍读，不得已经商谋生，但由于心系读书，所以他在协助父亲经营商事期间，“夜则苦读”。就是说，薛英贤虽然随父经商，但没有忘情于书，于是利用晚上休息时间攻读。另外，在陈立三为平遥著名票商李宏龄所作的墓表中写道 ：“君虽治商，而好读儒生性理诸书，有所得，服膺而躬行之。”不仅在经商之余注重读书，而且躬行实践。

晋人经商后不忘读书受教，想尽一切办法，克服各种困难，努力使自己尽可能多地接受传统文化教育的熏陶，其对儒学的浓浓之情可见一斑。

三、争取商籍　创办运学

在中国漫长的封建社会中，由于长期奉行“重农抑商”的政策，商业被视为末业，商人也一直受封建政府的歧视，当时社会成员的等级次序是士、农、工、商，商人居于末位。这种社会地位的不平等，在接受传统教育和参加科举考试方面也有相应的体现。到明清时期，具有一定经济实力的晋商，对这种状况极为不满，于是他们就想方设法为家族成员读书受教育创造条件，积极面向社会，努力为后代争取接受教育的机会。

（一）商籍

明清时期，有一部分晋人在外行商是举家迁徙。而当时政府规定，参加科举考试的人必须具有本地户籍。为了使其子弟能够在当地读书进而参加科举考试，晋商在寓居他地之时，便积极地附籍于流寓之地。

据康熙《两淮盐法志》记载，明朝末年，在山陕商和徽商之间，围绕着“商籍”曾经发生过一个颇有影响的争权夺利的事件 ：

> 淮扬滨海，山西、陕西、徽州之盐商皆寓其处。先时天子听大臣言，推柔远之义，凡山西、陕西盐商之学儒者，得于其处考附淮扬两府之学。

江苏苏州全晋会馆。

> 而徽州即为南直隶所统，以是不与。崇祯五年，巡按使史公代摄盐政，具疏请建运学，天子可其奏，降旨。盖运学建，则凡商之业盐者，其子皆得入运学，非我国家柔远之初意也。山、陕人以为不便，喧哗于有司。时史公已去，而扬州知府张公，晋人也，力主其议，斯事遂寝。

这一事件在当时曾经牵动官府甚至惊动朝廷，其中当然有着更为复杂的历史背景和社会原因，也透露出明清时期不同商帮之间的争斗。这些我们暂且不论，最主要的是我们可以从中感受到山陕商人为子弟争取接受官学教育的决心和努力。

当时一些晋商凭借这一特权使其家族实现了“甲第联辉”的梦想。在嘉庆《江都县续志》中有这样一段记载：“扬以流寓入籍者甚多……明中盐法行，山陕之商□至，三原之梁，山西之阎、李，科第二百余年。”这里的“山西之阎、李”，指太原阎氏和大同李氏，也就是清初著名学者阎若璩的家系和嘉靖三十五年进士、官至福建布政使司的李承式一族。阎氏家族自其五世祖西渠公业盐于淮扬开始，便成为两淮之地晋商集团中的一员。据张穆先生的《阎潜邱先生年谱》可知，阎若璩的父亲阎修龄是“以商籍入学”，阎若璩的从兄阎洞于顺治二年（1645）以“商籍”入学，其另一从兄阎若琛于顺治三年（1646）以“商籍”入学。他们先后都中进士。阎若璩本人于顺治八年（1651）以“商籍”入淮安府学，不同的是，阎若璩因科举不第没走入仕途，后来成为著名的学者。但可以肯定的是，阎氏家族确实利用“商籍”而使其子弟能够接受较为正统的教育，不少人也因此入仕。

延伸阅读

商籍，是“附籍”的一种，明清时期的商人如因经商而留居其地，其子孙户籍得以附于经商之省份，称商籍。是一种临时性户籍。

关于李承式一族，有关史料显示，他们是从李承式的伯祖父迁居淮扬业盐，开始加入两淮盐商之列的。据《两淮盐法志》记载：“李承式……万历五年进士……子孙以商籍起家。”

晋商遗物——文具盒、笔插。

（二）运学

关于晋商子弟接受学校教育的机会，值得一提的是河东运学。元代大德三年（1299），山西盐商集资创办了“河东陕西都转运盐使司商人子弟学校”，又称“河东运学”，是元代唯一的一所突出行业特点的盐商子弟学校。河东运学自建立后，经明至清，屡有增修，屡加整顿，凡民籍童生及盐商以外的其他商人子弟都不准冒充盐商子弟报考入学，从而保证了盐商子弟接受系统教育的特殊权益。

河东运学创建的缘由，在《河东盐法志》中是这样说的：“盖以郇瑕（泛指河东）为财赋之薮，沃土之民，逸则忘善，建有专学，则师道立而教化行，理义明而风俗美。”从中可以看出，官方把教化“沃土之民”明白理义，以淳化当地民风，作为创设河东运学的动因。但实际上，这只是冠冕堂皇的说法。丁刚先生在其《近世中国经济生活与宗族教育》一书中说："河东运学创设的真正原因，只是统治者要用正统思想钳制商人子弟，使他们与统治阶级的思想保持一致，达到稳固统治的目的。"因此，虽然运学是行业性质的学校，但学生并不只是学习行业技术。可见，崇儒重道仍然是商人子弟立身的基础，即使是在只有商人子弟方可进入的运学，其"师道"、"理义"的儒学精神也是一以贯之。

值得注意的是，运学的各种费用开支，是由山西河东盐商承担的。商人出资办学，虽然需要得到封建政府的批准，但毕竟是山西盐商为后代子孙接受教育而开拓的新路，这无论在中国商业发展史上还是教育发展史上都是一大创举。从中也可以看出晋商为子弟能够接受教育而付出的努力。

虽然确如有的学者所言，河东运学"崇儒重道，与郡县之学无别"，但从客观效果来看，运学之设，使得晋商子弟经过学校的正规学习后，学而优者顺利地迈向商途或走向仕途。尽管河东运学自元代创办，经明至清，五六百年间究竟培养了多少商业人才不得而知，其中究竟有多少以商人子弟的身份走入仕途也是未知数，但可以肯定的是，经商和入仕，其立身之道同源同根，并无二致。治人、治事、治国者必须是学而优始能胜任。同样，集政治家的谋略、兵家的权变、法家的手段于一身的商人，也必须是学而优者方能胜任的。对此晋商早有体悟。

四、礼遇儒生 结交士人

在中国传统的农耕社会，其成员分为士、农、工、商四种。学者阎广芬在其《试论明清时期商人与教育的关系》一文中指出："士居于四民之首，因读书入仕等传统意识的影响，与教育密切关联。商位于四民之末，抑商、贱商、轻商的统治政策和与之相适应的社会价值体系，在士与商之间无形构筑起一道难以沟通的屏障，也给商人介入教育带来障碍。"士人在与教育密切关联的同时，被看作是教育的象征和代名词。所以，商人为了顺利地介入教育，为了提高自己的社会影响和修养水平，而努力地与士人交往，这其实也是商人"好儒”的一个表现。

晋商的有关史料也可以反映出这一点。明代平阳府商人席铭，在商界大获成功，年老后，“以家事付子，日与一二知契，履山水间，优游闲雅，风度若儒士”。明代蒲州商人徐山泉，“性喜儒术，常礼重儒者”。可以想见，经常“礼重儒者”的徐公，喜与士人交游是很自然的了。明朝代州商人杨继美虽在商界，却很喜欢与读书人交往，时常与他们吟诗作对、高谈阔论、研讨经史。并且对于生活清苦的读书人，杨继美还时常主动接济他们，其与士人交往的诚心由此可见。更为典型的是，乾隆《曲沃县志》记载的曲沃县商人张钟萃，“少服贾。年四十余，闻同里卫蒿讲学，务以躬行心得为要，心乐之，遂弃业从游”。服贾多年的商人张钟萃，在听了卫蒿的讲学后，索性弃商从儒了。这在晋商中虽然是极少数人，但确实存在，他们显然是“弃儒经商”的晋商中的另类，却也能从另一个角度反映晋商对儒学教育的态度。

晋商由于有着浓厚的儒学情结，在他们经商的过程中，也不放松对传统儒学思想的研习。他们一方面自己抓紧时间读书学习，另一方面还极力为子弟争取接受正统教育的机会，同时还乐意与士人交游，以便相互砥砺，并提高自己的社会影响。所有这一切，都是晋商儒学倾向的生动写照。

晋商对待以儒学为主的传统文化不仅有如此浓厚的兴趣和明确的倾向，而且他们中的很多人勤学苦读，博览群书，学术和修养达到了相当高的水平。蒲州商人任原泉，小时候在治学的过程中，是“日夜孜孜用心甚苦”。解梁商家孙氏家族的孙文靖：“始攻辞章，有声庠序，继治经术至废寝食，其于毛诗尤有宿癖。”代州振武卫（今山西代县）商人杨继美，少年时极爱读书，三教九流、诸子百家、经史子集、诗词歌赋，无不涉猎。介休商人温玉田，幼时拜师就学，塾师常惊叹其聪明颖悟，“屡试辄前茅”，又由于他后来师从山右著名的学者文人，即“素从学本邑（介休）确轩梁公、保德士聪赵公、

山西太谷曹家大院的展览中时常能看到有关于教育的遗物。

《退想斋日记》书影

太原荣前孙公，皆山右名进士也”，所以，取得了良好的效果，即“是以学有根柢，而著之为文者，则至纯且正”。

晋商在儒学方面的造诣，就连当地的文人刘大鹏也在他的《退想斋日记》中发出感叹：“商贾之中，深于学问者亦不乏人。余于近日晋接周旋了几个商人，胜余十倍，如所谓鱼盐中有大隐，货殖内有高贤，信非虚也。自今以往，愈不敢轻视天下人矣。”

第三节　儒雅的商人风范

仁、义、礼、智、信，是儒家思想的精华。这些基本精神在晋人经商的行为中表现得淋漓尽致，这是晋商崇尚儒学、践行儒道的充分体现。

几乎可以说，在传统的中国社会，即便是目不识丁的人也受过孔孟程朱的影响，更不用说普遍有过“学儒”经历的晋商了。正是由于从小受到儒学的熏陶，晋商思想品德、行为法则本身就带有浓厚的儒家色彩，因此在经商之后，其商业行为自觉或不自觉、有意或无意地受着传统思想尤其是儒家道德规范的约束和支配。具体地说，传统的儒家观念促使他们在追逐商业利润的同时，注重以重义轻利的教化涤荡心灵，用以义制利的观念经商从业。

关键词：诚信　重义轻利

一、待人以诚　经商重信

毋庸置疑，商人的终极目标是盈利，但是君子爱财，还必须取之有道。因此，真正的商人都懂得保护自己的品牌，可以说品牌就是商人的形象，也是商人的信誉。晋商也不例外。

晋商史料中就有很多不惜折本亏赔，也要保证商业信誉的记载，以致当时各地百姓购买晋商商品，只认商标，不讨价还价。在当地也流传着一些有关诚信的商业谚语，如，“宁让赔折腰，不让客吃亏”，“诚招天下客，誉从信中来”，“信贷无诀窍，信誉第一条”。如今，在晋商大院的门楹上也可以看到，如：“诚信赚得字号久，谦和赢得顾客常。”凡是去过晋商大院参观的游客，都会听到历史上许多晋商在生意场中诚信经商的故事。

在山西方志和晋商的一些谱牒资料中，关于诚信经商的文字记载也有很多。

乾隆《太谷县志》记载太谷县商人吴玉英，幼年读书“过目成诵”，后继父志攻举子业，成年后在经商过程中，交友以信，待人以诚，笃于宗族，厚于亲串，更难屈指数也。在这里，吴君以儒家的诚信精神经营自己的商业活动，是显而易见的。另一太谷人武君，“儒生也，长而贾于市，与人交，一本于诚”。

北京晋商博物院展示的“言炳丹青”匾。

这则史料给我们两个基本信息：武君曾经接受过相当程度的传统文化的教育；长大经商后，他以诚信指导自己的商业行为。

同治《河曲县志》记载河曲人赵先生：“幼习儒业，读书即了大义。及壮，业商治生，奉其先训生平，处己接物惟守不欺二字。”也就是说，赵先生也是先业儒，后经商，并且自觉地以诚信作为自己行动的指南。

榆次商家《常氏家乘》中记载常家九世常万达的经商过程时说：“勤以修身，俭以养德，与人交，然诺不苟……凡所往来酬接，一以诚信相孚。”所以才有“远近服贾者罔弗愿结金兰”的效果。《常氏家乘》在谈到常万达的长子常怀玗的经商行为时说：“持义如崇山，杖信如介石；以故利则渊深，财则阜积，古之陶朱不让焉。”

嘉庆《介休县志》记载清朝著名皇商范氏家族的范三拔（范毓馪之父）的父亲范永斗“与辽左通货财，久著信义”，所以，“世祖入关定鼎，稔知永斗名，即召见，将授以官”。虽然范永斗后来力辞未官，但其看重信义的品行是清世祖召见他的重要理由。

晋商在长期的商业活动中形成了自己的经营理念，坚持以诚信为经商之道，非常重视商业信誉。这一切无不与晋商及其后代在早年曾经接受过儒家传统教育有关。

二、重义轻利　乐善好施

万丈红尘中，名利如烟滚滚，世俗之人大多无法抗拒各种诱惑，晋商自然也不能免俗。然而，由于自幼接受传统文化的教育，晋商的义利观深受儒

◎ 山西平遥晋商大院中展示的晋商文物，显示晋商非义不取、热心公益的信念。

学经典的熏陶和儒家伦理道德规范的影响。他们信奉孔孟之道，崇尚信义，在“义”和“利”问题上有独特的见解，当“义”和“利”发生冲突时必先舍“利”而取“义”。

受这种义利观的指导，晋商的行为方式也有其特色。明时蒲州商人韩玻，在商业活动中坚持的原则是“必以义施，以廉受”，所以同行都很信服他，愿意与他往来。蒲州另一商人徐山泉，“家世业商……公虽业算缗，然心实博爱好义，与人交敦实信义，不争尺寸利。其周急恤病，洽于姻党”。 此处的“业算缗”，是指从事商业经营活动。从这则材料我们可以推断，出身于商家的徐公，由于对儒术感兴趣，喜欢与儒士交往，所以，其在经商过程中对儒家思想核心的道德范畴“义”的坚守便是自然的了。蒲州大商人范世逵，在经商的过程中，“必循理守法”，不做任何不守分、不信义的事情，其重义轻利在同行中是有目共睹的，所以“资益巨”。

汾阳商家陈氏家族的九世陈惟礼，在经商过程中，“非义不取”，对于欠其债而家贫者，陈惟礼便焚烧债券，不再索要。其善行义举在当时是人所皆知的。

由于以“义”为指导，在处理“义”与“利”的关系上，就能够自觉地以义制利，坚持在“义”的基础上和规范内来取利，而不是只为求得利润。所以，他们在经商的过程中是比较看轻财利的，即重义轻利。

明代张四维的《条麓堂集》中就有很多关于本家族成员重义轻

利的记载。其叔父张遐龄，是当时蒲州的著名商人，“虽切事贸迁，而视财利甚轻，不屑较锱铢。”张四维的父亲张允龄在接受了一定程度的传统文化教育以后，为了博得父母的欢心，为了更好地尽孝道，“遂发愤远游”，在经商过程中，能够“不与人竞刀锥”，并且“虽治市厘业，其视财利甚轻，笃信重义”。所以“南北所至必为众所敬服”。张四维的三弟张四教，“年仅十六即服贾远游……不屑屑较锱铢……乃襟度旷达，乐施好义，当其意气所激，即挥置千金不顾”。

在清朝山西各地县志中，此类记载也比比皆是。乾隆《祁县志》记载祁县人阎成兰，在朔平、归化一带经商，备受辛苦，但仍心存爱意，乐善好施，践行义举。

乾隆《新修曲沃县志》记载曲沃县人吉立栋：“曾服贾广陵。重义气，乐施予，邑令以心端行淑旌之，旧志称其重义轻利。”光绪《续修曲沃县志》记载曲沃县西道里监生李绂：“业商重义气。”

光绪《永济县志》记载永济县人胡天章：“家贫业商，赴兴化镇。有张某病卒旅舍。伴侣无策，天章适与同居，为买衣冠营殓。……生平仗义疏财，大率类此。”永济县另一商人赵俊：“家贫，为富家贾于江南，勤俭著闻，忠于所事，礼遇文士，有急辄资之，而非义不取，同人俱不忍欺。”

光绪《浮山县志》记载浮山县人王政：“在外经营数十年，所积资财尽数给弟，并不以私其子，乡人义之。”光绪《寿阳县志》记载寿阳县人聂喜珠：“性谨愿朴诚，轻财尚义，业商而无市井气。” 徐沟县集义村人贾太祯的父亲曾在河南一带经商，县志中记载他“重信义，地方推重”。

定阳商家张氏族谱在记载其族人张兴庵时，写道：“以家事拮据，遂弃呫哔，用计然之策走四方，所至辄获奇赢。然慷慨大度，重然诺，轻施予，常俯视侪辈，不屑屑锱铢之细，嗣后生产日裕，而君漠然视之，无少侈心，性友爱。”在这里，一个弃儒服贾后贾服儒行的形象跃然纸上。

安恭己撰写的民国《太谷县志》“序”中这样写道：“至持筹握算，善亿屡中，讲信耐劳，尤为谷人特色。自有明迄于清之中叶，商贾之迹几遍行省。”这是对明清时期太谷人信义经商的概括，也能够从相当高的程度上代表和反映明清时期晋商的整体特点。这一特点与现代人对徽商研究所得的结论颇为相似。

学者马敏在其《官商之间——社会巨变中的近代绅商》一书中对明清时期的徽商是这样描述的："他们'商名儒行'，身在沽肆中，志在阿堵（钱财）外，并不过分计较钱财，倒更看重自身的名节与修养。'有大志，不局局锥利间；治贾不暇给，而恂恂如儒生'。"

至于在商而不唯利是图，慷慨周济、为人仁德的晋商，在明清时期更是为数不少。蒲州商人展玉泉，轻财利，重施与。曲沃商人李明性，孝亲睦邻，重义轻利，乡人有困难时便倾力相助，毫不吝啬。贫而借其债无力偿还者，"归其券"，不再提及。新绛县人陈镇明，是一个喜欢读书的经商之人，"尝著《复性语》自娱"。陈君在其经商过程中，"遇贫乏者，力周给之"。

县志中类似的记载也随处可见。光绪《稷山县志》记载稷山县监生段景芳，因为家境所迫而不得已辍读就商，但是他"持身处世有文士风，遇岁荒周济穷乏乡人，咸称其慷慨乐施云"。稷山县另一商人管耐思："尝贸易宁夏，有同游者失其资斧不能归。管倾囊助之，不责其偿。居郭外别墅，博览古籍，修族谱，造家庙。"

呫哔，亦作"呫毕"，犹占毕。后泛称诵读。

山西运城万荣李家大院门上的"博施济众"匾，是对李家乐善好施行为的褒扬。

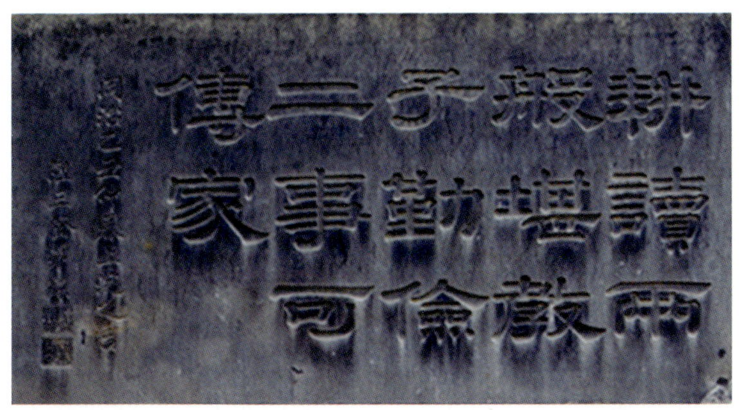

山西襄汾光村晋商大院里的石雕："耕读两般堪教子，勤俭二事可传家。"

在代州著名商家冯氏家族的族谱中，记载冯氏族人也多经商而重义行。族人冯思逊，“自走京师服贾，艰苦经营。根基稍立，凡乡族赴礼部试，或有急难者，无不竭力资助”。另一族人寿山公，“若其济族人之贫，周亲识之急，免称贷之”。

在自己守信重义的同时，明清时期晋商中的一些望族还用传统的道德规范——“信”和“义”来教育其子弟。

明朝商人王文显，“凡事以道德信义为依据”，以致能四十年间足迹几半天下，而最终成为一代名商。由于在实际中对儒家道德规范和核心精神的体味较深，所以王文显深有感触地训诫其子孙说：“夫商与士，异术而同心。故善商者，处财货之场，而修高明之心，是故虽利而不污。善士者引先王之经，而绝货利之经，是故必名而有成。故利以义制，名以清修。各守其业，天之鉴也。如此则子孙必昌，自安而家肥富。”

乔致庸对信义与利益的排次是：首重信，次讲义，第三才是利，并以这种思想要求和规范其后代的言行。

从《常氏家乘》的记载可以得知，常威和他的子孙后代都是私塾的子弟，其中还有许多学识渊博的儒生。他们在商贸活动中，始终坚持儒家的“仁、义、礼、智、信”，通过远途运输调剂各地物资的有无，从而赚取地域差价，以上乘的质量和合理的价格占领市场，用诚信待人赢得客户的信赖和社会声誉。而他们所坚持的儒家道德规范，显然是通过接受传统教育的影响而获得的。

可见，当儒学转化为商德，晋商便能够在商海中获利取胜。

至此,晋商贾而好儒已成为一个不争的历史事实。儒学重在修身,“仁、义、礼、智、信”是其主要内涵。晋商子弟在浓重的儒家经典和儒学礼仪熏陶之下立品立德，再以儒家的精神和道德从事商业经济活动和社会活动，赢得了很高的威望，并且取得了商业上的成功。由此可见，晋商深受传统文化教育的影响，正如葛贤慧先生在《传统文化与山西商人》一文中所说的那样:“‘晋人之富，甲于天下’……但在山西商人身上却处处体现出富而仁义的贾道精神……在儒家义利思想的影响下，山西商人身入财利之场而不污，守信耐劳，谨厚重义，被誉为‘轻财尚义，业商而无市井之气’……他们经商虽以赢利为目的，但凡事以道德信义为根据。”可以说，晋商原始资本的积累，得益于他们心灵深处儒家文化对自身行为的教化和约束。与此同时，当全国的知识分子研习八股文以求跃龙门步入官场时，山西的知识分子则把儒家学术用于经商之道，这正是晋商得以传承仁和之风的客观因素，也是传统教育对晋商影响的有力见证。因此，完全有理由说，晋商是从传统儒学教育中走出来的一代商人。

第三章

崇儒重教　亲教子侄

明清时期，晋商是否重视家庭教育？从史料看，答案是肯定的。晋商为了振兴家业、续写家族辉煌，他们寄希望于后代，对家族中子侄的教育尤为重视。目的有二：一是为子承父业，扩张财富，光大门庭；二是让后代考取功名，进仕从爵，显宗耀祖。所以他们宣扬读书的重要，在家训家规中明确崇儒重教、读经习礼的观念，不惜劳其心志，亲自为师教育子侄，重金聘请名师执教，严格督责子侄学习。正所谓：克振家声，教育为要。

第一节　严格的家训家规

和一般的家训家规一样，晋商家族的家规家训最主要的也是强调家族和睦、长幼有序，所以一般都有“睦宗”、“守分”等内容。但是，如果从教育的视角考察不难看出，其家规家训中无处不强调教育的重要，同时从正反两方面规劝和禁诫子弟尚礼、尊儒、崇教。

关键词：家训　家规

在有关晋商的一般性的读物当中，随处可以看到晋商注重对子弟教育的事例。古敏编著的《晋商——中国第一商道》中，就有不少这方面的记载。明代蒲州（今山西永济）商家子弟展玉泉，在孩童时代就时常随其父游玩于盐场。他的父亲便以石子作为启蒙工具教他数数，还专门找历史上有名的大人物的相关故事讲给展玉泉听，如曹冲称象、孔融让梨、司马光砸缸、关羽刮骨疗毒、诸葛亮草船借箭……一个故事一个道理，一个人物一种精神，都深深地烙在了展玉泉那幼小的心灵中。这些都为他日后走上成功的经商之路打下了坚实而良好的基础。明朝代州振武卫人杨继美在商场成功后，让其子杨恂进入学堂读书。明代曲沃富商李明性，晚年曾在家乡捐资办学堂，以期子孙能堂堂正正地做个读书人。还有清朝汾阳县大南关人牛允宽，从小就在家随其父亲熟读经书。此类记载可说是不胜枚举。

晋商巨族的家谱也在字里行间透露出其族人对子弟教育的注重。在代州商家冯氏家族的族谱中，类似的记载就随处可见。其四世冯文泉，孩子五岁起就让其拜师就读，并且坚持每天对孩子成长和教育的情况做记录。族人冯伯高时，家境不如以前，但他仍然注重对后代的教育，甚至以“典质之资”供二子读书。族人冯紫雯时，“家道中落”，而族中每年为酬神演剧耗费颇巨，先生倡议废止这一传统做法，将这部分费用改作族中后人的学费，使得冯氏族中子弟无论贫富均能接受一定程度的教育。在长辈的重视和支持下，子孙后代能够安心读书。六世冯如京：“下帷发愤，朝夕读诵，无间寒暑。” 族人雁峰公："数岁入家塾，读书即通晓大义……博综群籍，攻苦每至丙夜不辍。"

晋商对子弟教育的重视，一方面在认识上非常明确，另一方面在行动上自觉积极。

虽然商与士是两种不同的社会角色，但是对于读书受教育的好处，人们有着一致的看法。在明人李晋德的《客商一览醒迷》中，就表达了商人对读书的崇尚："世间秀才尚少，何况科甲，然书香不可绝也。书香一绝，则家世日微。家声既卑，上无君子之交，下无治生之智，其安于农樵负担者，尤为善也。甚至人既粗蠢，必复雄高，狎此下贱，冥行蹈险。呜呼，人生至此，不忍言矣。祖宗之祀，或者不可保。猛念及此，安可不教子读书？"

明清时期的晋商也是如此。他们在经商的同时，非常重视对子孙后代的教育问题。无论是日常的口头训诫，还是严格的家族规范，都极力强调读书受教育的重要性。

一、日常说教 读书为要

明清时期的晋商，在思想认识上把对子孙后代的教育置于头等重要的地位。翻检明清时期有关晋商的史料，随处可见他们对子孙后代读书受教育的口头训诫。

光绪《荣河县志》记载，荣河商人寻金材训诫其子说："汝能读书上进，吾虽贫何憾！"把子孙的读书求学看得比生活上的富裕与舒适还重要。代州商家冯氏家族的族人性初公，"其教子读书，时加督责，每以克振家声为念"。性初公将"教子读书"提高到"克振家声"的高度来认识。

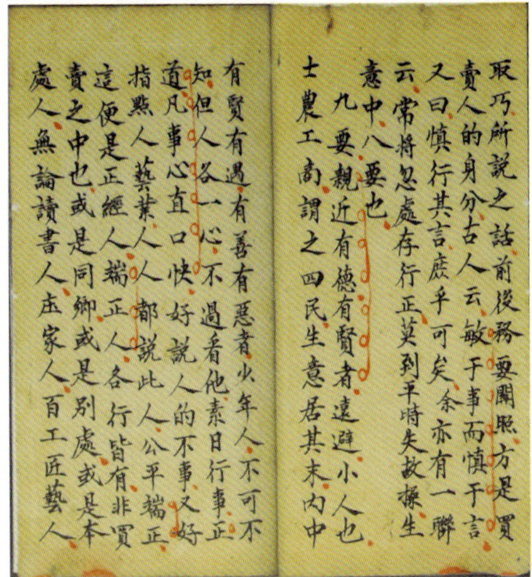
取巧所説之話前後務要關照方是買
賣人的身分古人云敏于事而慎于言
又曰慎行其言庶乎可矣余亦有一聯
云常將忍處存行正莫到平時失故操生
意中八要也
九要親近有德有賢者遠避小人也
士農工商謂之四民生意居其末內中
有賢有愚有善有惡者少年人不可不
知但人各一心不過看他素日行事正
道凡事心直口快好説人的不事又好
指點人藝業人人都説此人公平端正
這便是正經人端正人各行皆有非買
賣之中也或是同鄉或是別處或是本
處人無論讀書人庄家人百工匠藝人

《触目惊心全集·生意训言》中有"要亲近有德有贤者"的记载，教育后代应规避的事情。

张晋平的《晋中碑刻选粹》一书记载，晋商阎旺告诫子弟说：“予以贫乏不能读书，今衣食粗给，但愿若辈勉为读书人，予志毕矣。功名得否，非所记也。”可以看出，阎君对子弟读书受教育的重视，其目的并不一定在于功名，而实际上是对文化的尊崇。

明人张四维的《条麓堂集》记载其父蒲州盐商张允龄，虽然长年在外经商，但经常购买大量书籍寄给其子弟，并且骄傲地说：“儿辈资可教，吾冀其为通儒也。”显然，张允龄是希望其后辈读书成名的。

代州商家冯氏家族的四世冯文泉，其族谱记载他在考中进士后开始“严定课程，训励子侄曰：‘文种自我兴，不可使自我废。’”表现了他对子弟成大儒的殷殷厚望。

在程光、梅生的《儒商常家》一书中，也有许多常氏族人对其晚辈读书受教育的勉励，最典型的是作为常家商贸事业继往开来中坚人物的常立仁，他曾告诫族中子弟说：“读一书有一书的好处，吾见人家败覆，子弟不肖者多

山西平遥文庙的一嵌在墙上的石碑，内容为朱子八字书吟，有孝悌忠信等内容。

不读书，能读书，败而不至于亡。”其族人常怿也非常注重对后人的教育，他认为：“贤而多财损其志，愚而多财则益其过。财之有累于子孙者，古今同忧之。”所以主张将祖辈积累的财富用于后辈的读书受教。南常的常承祖对教育子弟也有自己的见解，他曾说：“子弟生长温饱，若不勤学，其能免于骄淫乎？”可见，常家先人是把家族教育看作关系家族成败兴亡的大事来抓的，他们的着眼点是很高的。

榆次富商贾继英为教育子孙后代，曾特意将朱子治家格言刻于石上。碑记内容在表明贾继英教育子孙的迫切心情的同时，更如实地反映了其各代族人对家庭教育的重视程度。

二、家训家规　鼓励劝诫

晋商历经数百年的艰苦创业，形成了名震天下的商业巨族。而且，晋商家族是出于具有商业烙印特征的中国传统文化家族——由血缘关系和地缘关系构成并包含若干个家庭的大家族。这样，如何增强其家族成员的凝聚力，使家族能够长盛不衰，就成为晋商家族特别关注的一个问题。为此，在晋商大家族中，普遍重视订立严格的祖训、家规，通过代代相传的祖训、家规来约束家族成员中有损于家族利益的行为举止。因此，对于子弟们来说，熟知家训、遵守家规就成了接受教育、修身正己的一项重要内容。

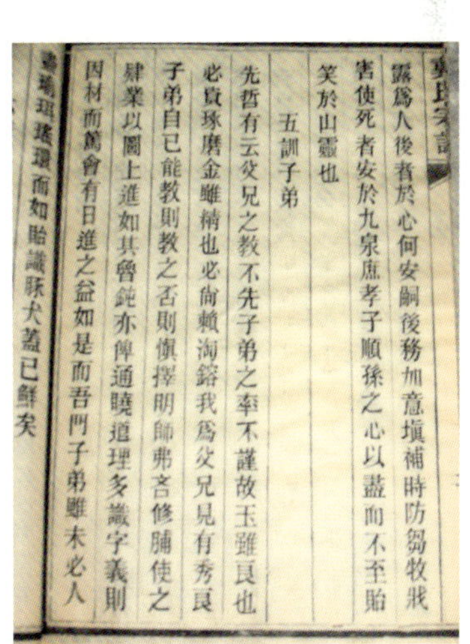
冀氏宗譜

露爲人後者於心何安嗣後務加意塡補時防芻牧戕
害使死者安於九泉庶孝子順孫之心以盡而不至貽
笑於山靈也
五訓子弟
先哲有云父兄之教不先子弟之率不謹故玉雖良也
必資琢磨金雖精也必倚賴淘鎔我爲父兄見有秀良
子弟自已能教則教之否則愼擇明師弗吝修脯使之
肄業以圖上進如其魯鈍亦俾通曉道理多識字義則
因材而篤會有日進之益如是而吾門子弟雖未必人
人瑾瑜而如貽譏豚犬蓋已鮮矣

山西平遥《冀氏宗谱》中有关于教育子弟的条款。

和一般的族规家训一样，晋商家族的家规家训，最主要的也是特别强调家族和睦、长幼有序，所以一般都有“睦宗”、“守分”等内容。但是如果从教育的角度来考察，值得关注的主要有以下几项内容。

（一）强调子弟教育的重要性

在晋商的家规、家训中，特别强调子弟教育的重要性。如在平遥冀氏家族的《冀氏宗谱》

山西平遥雷履泰故居展示的屏风上刻有做人的格言，如“恭为德首，慎为行基”，“言则忠信，行则笃敬”等。

中有“教子八款”，其中一款就是“隆学校以端士习”，写道：

古者家有塾党有庠州有序国有学，故无人不在所教之中。专其督率之地，董以师儒之官，所以成人材而厚风俗，合秀顽强懦使之归于一致也。盖士为四民之首，人之所以待士者重，士之所以自待者亦不可轻，习端而后乡党视为仪型，风俗由之表率，务令以孝悌为本，材能为末，器令为先，文艺为后，所读者皆正书，所交者皆正士，确然于礼义之可守，惕然于廉耻之当存。

此一款，阐明了学校教育的重要性，这在当时是非常可贵的。

“教子八款”中还有一款是“训子孙以禁非为”，其中说道：

大凡子孙之率不谨，皆由父兄之教不先所恃，为父兄者启其德性，遏其邪心，广其器识，谨其嗜好。至于爱亲敬长之念，人所固有，父兄诚能明示其训，俾知父子有亲、君臣有义、夫妇有别、长幼有序、朋友有信，以端其本，则大伦明，而干纪犯分之咎自鲜矣。语云：少成若天性，习惯成自然，非为之事渐积成风，或游手好闲博弈饮酒，或结纳匪类放辟邪侈，往往陷溺而不悟，甚者罹法网犯刑章，尔父兄独能宴然而已乎？

山西榆次常家庄园的石芸轩书院，碑廊上的楹联是“精神到处文章老，学问深时意气平”，石辒玉书横匾：诗书皆雅言。

与其追悔于事后，孰若严训于平时。以孝悌忠信礼义廉耻，可模可范以身教之，耳提面命以言教之，使子弟见闻日熟循蹈规矩之中。久之，心地淳良，行止端重，则可以寡过而保家，即可以进德而成材也。

很清楚，这段话道出了父兄在子弟教育中的重要性，以及应当如何对子弟进行教育。

在《冀氏家训》中还有“训子弟”一条，开头是这样说的：

先哲有云：父兄之教不先，子弟之率不谨，故玉虽良也，必资琢磨；金虽精也，必尚赖淘镕。我为父兄，见有秀良子弟，自己能教则教之，否则，慎择明师，抚吝修补，使之肄业，以图上进。如其鲁钝，亦俾通晓道理，多识字义，则因才而笃，会有日进之益。

此一款清楚地说明，教育子弟是父兄必尽的责任。

除此之外，《冀氏宗谱》中的“教子伦”和《太原王氏宗谱》中的“诫子书”，都专门论述教育子弟的问题。特别是《冀氏宗谱》中的“教子伦”更具有代表性。短短的一段文字，却对子弟教育的必要性、重要性及如何对子弟进行教育等方面做了较为全面而详细的说明。

“读可荣身耕可富，勤能补拙俭能廉”，山西平遥晋商的有关展览中常见类似教化的对联。

从王正前编写的《乔家大院》一书中我们可以看到，祁县乔氏家族的家训格言中，有一条是这样的：“勤俭持家之本，和顺齐家之本，谨慎保家之本，读书起家之本，忠孝传家之本。祖宗之泽吾享者是，当念原来积累之难；儿孙之福吾贻者是，当思将来倾覆之易。故至要莫如教子，至乐莫如读书。”其对子弟读书受教育的重视程度可见一斑。

（二）正面的要求、规范

为了指导子弟养成一些处世立身的基本规范，在晋商的家训中，首先都比较注重对子弟进行基本的伦常教育。如，在代州商家冯氏家族的《冯氏遗训次编》中，有“至亲”、“尊卑”、“勿僭”、“不至”、“官长”、“毋议”等条目。要求孝敬父母，长幼有序，遵守上下尊卑的伦理秩序。

在洪洞商家刘氏家族的祖训中，有“明嫡庶”、“正名分”等，要求明嫡庶之序、辨尊卑之位，不能随便逾越。

在平遥商家冀氏宗谱中，其家训的第一条便是“饬伦纪”，说道：“伦纪之大，在国则有君上，在家则有父母，同气者兄弟，敌体者夫妇，异姓结纳则有朋友。凡我宗支须知，为人臣必当随分效力，不计利禄身家，方为无忝厥职。” 另外还有《教子八款》，其中第一款就是“敦孝悌以重人伦”，里面有这样一段文字：“夫孝者天之经地之义人之行也，人不知孝父母，独不知父母爱子之心乎？方其孩稚怀抱，饥不能自哺，寒不能自衣，为父母者审音声，察形色，笑则喜，啼则忧，行动则跬步不离，疾病则寝食俱废，以养以教，至于成人，复为授家室，延师生，谋生理，百计经营，心力俱瘁，父母之德实同昊天罔极，人子欲报亲恩于万一，当内尽其心外竭其力，谨身节用，以勤服劳，以隆孝养。”将孝养之道论述得非常清楚。

在太原商家王氏家族的宗谱当中，有“诫子书”，开篇就强调孝敬仁义：“夫孝敬仁义，百行之首，行之而立身之本也。孝敬则宗族安之，仁义则乡党重之，此行成于内名著于外者矣。”显然，王氏家族也认为，孝敬父母是最基本的人伦道德，子弟首先必须养成孝敬之德。

在山西汾阳《儒侨陈氏宗谱》中我们可以看到，作为商家的陈氏家族，其祖训第一条就是“敦伦”：“慈孝友恭之道，古圣贤嘉言懿行，至详且尽，固无不可为者。但人情语及圣贤便多诧异，不知学得一二分自己心里既安，只此是圣人、贤人然。父兄之教先，子弟之率谨，一代好如一代，要在家法善而蒙养端焉。”

当然，这些伦理秩序和规范是当时历史条件下的产物，撇开其封建性的一面，其重视对子弟的道德教育，还是应当肯定的。

晋商家族的家训更多的是要求其子弟加强自身的修养，以更好地待人处世。比如在代州冯氏家族的“遗训”当中，共列了 32 个条目，其中 28 个条目是从正面告诫子弟应当注意提高自身的素质。主要有：容忍、忍辱、内重、自检、寡欲、恢量等等。在“容忍”一条中说：“书曰，必有忍其乃有济，有容德乃大。君子立心未有不成于容忍而败于不容忍也。容则能恕人，忍则能耐事。一毫之咈即勃然而怒，一事之违即愤然而发，是无涵养之功，薄福之人也。是故大丈夫当容人而不可为人容，当制欲而不可为欲制。观娄师德丙吉之为人，则气自平而理自明矣。”“自检”一条又规定：“处世不可撅撅，亦不可孜孜，孜孜则罢软无立，撅撅则粗硬惹祸。和易其身心，谦恭其言语，近恕而行，则人无怨而躬全矣。”“恢量”一条说：“恕之一字固为求仁之要，量之一字又为行恕之要，未有能恕而无量者也，亦未有量而无恕者也。是故恕虽当勉，量亦需学。”显然，在这些条目中，着重突出的是仁、恕、和、忍等传统的道德规范，这都是一个人存身于社会必须具备的。

洪洞商家王氏家族的“遗训”之一，就是“处本家以敬爱为本，处乡党以和平宽厚为要”。同样,在太原王氏的“诫子书”中,也要求子弟要知退知足，立身行事要尊儒者之教，履道家之言。祁县乔家的家规中也包括“怪人休深、望人休过、待人要丰、自奉要约”，还有“气忌躁，心忌浮”等名言，体现出要培养子弟的礼让之风。

在晋商家族的家训中，还有关于节俭、勤励、持家、诚信等方面的要求。比如在冀氏宗谱的“教子八款”中，有一项是“尚节俭以惜财用”，开头就说：“且夫人生不能一日而无用，即不可一日而无财，然必留有余之赀，而后可供不时之需，故节俭尚焉。盖财犹水也，节俭犹水之蓄也，水之流不蓄，则一

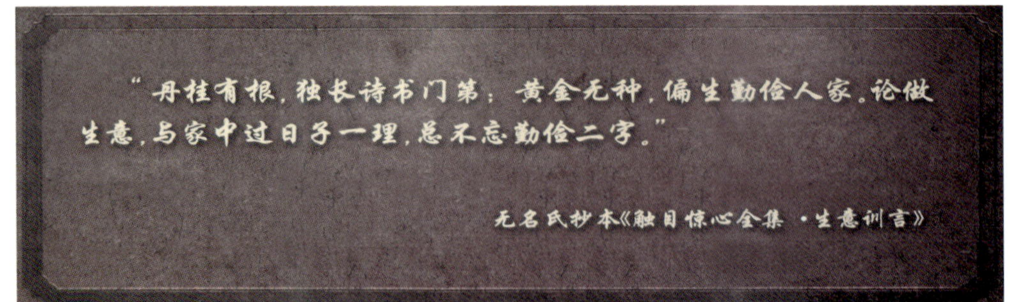

北京晋商博物院展览的晋商抄本《触目惊心全集·生意训言》文摘：“丹桂有根，独长诗书门第；黄金无种，偏生勤俭人家。论做生意，与家中过日子一理，总不忘勤俭二字。”

泄无余，而水立涸矣。财之流不节，则用之无度，而财立匮矣。故财贵节俭，若失节俭，则十夫之力不足以供一夫之用，积岁所藏不足以供一日之需，其为害甚矣。”详细论述了节俭的意义。在冀氏家训中，还有一条“勤职业”，一开始就明确地说：“从来业精于勤而荒于嬉，故士勤学问……农勤而耕圃则仓粟致庆，可以仰视而俯蓄……工勤而技艺以精，商勤而囊橐以富，妇勤于纺织缝纫而布帛有余。”奉劝子弟，无论士农工商何种职业，都必须勤谨不怠惰。

在冯氏遗训中，“勤励”一条说：“人心一懒则百体俱怠，百体俱怠则心日荒而万事废矣。”《冯氏遗训次编》中有“闲劳”一条：“平居无事莫放闲此，身须勤劳惯习，及事来，人在慌乱，我安静自如。往往见人临事仓忙，只为闲时不先劳也。”在《冯氏遗训次编》中，还有一条专门讲“诚信”的品格。

在汾阳商家陈氏家族的祖训中，专门有“持家”一条，说道：“持家唯勤俭二字，尽之确须培植心地为本。”

在灵石巨商王氏家族的祖训中也规定：“心无妄思，足无妄走，人无妄交，物无妄受；勤则有功，俭则足用，恭则不侮，恕则不怨。”其对子弟勤俭恭恕的规劝是非常明显的。

榆次常氏家族有一则家训是：“能知勤俭享人生千万福，能节欲荣贤科名成大儒，能孝亲尔子穷欢照样行，能教子后代兴隆全在此，能足受合家欢乐无嗟怨。”足见常家注重对子弟的勤俭教育。在现在的常家庄园中可以见到一个关于常氏家训的小册子，上面写道：“凡语必忠信”、“凡行必笃敬”、“饮食必慎节”、“字画必楷正”、“容貌必端庄”、“衣冠必肃整”、“步履必安详”、“居处必正静”、“作事必谋始”、“出言必顾行”、“常德必固持”、“然诺必重应”、“见善如己出”、“见恶如己病”。这些内容实际上是张思叔的座右铭，常家族人常麟书把它完整地书写出来，悬挂于堂屋四周，作为常家的家训，力求戒除富家子弟坐享荣华富贵、骄奢淫逸的恶习，以养成他们自律、自尊、自爱、自信等品格。同时也体现出常家家训的基本精神，即强调信义忠诚等。

以上这几种品格，对于一般的子弟来说，无疑都是应当具备的。而晋商家族通过家规、家训，要求其子弟具备这些品格，无疑对于他们日后从事商业经营活动，更有其特殊重要的意义。

值得注意的是，还有一些晋商家族的家训中，直接向子弟进行经商立业的教育。在汾阳商家陈氏家族的祖训中，有一款是“择术”，写道：“士农工商皆可立身成家，一切卑污苟贱之事，断不可为，有犯者，众共黜之。”在这里，陈氏明确提出了工商也可以立身成家，这在当时是很了不起的。在介休商家侯氏家族的住宅“九如堂”的大厅上，悬挂着一副楹联：“读书好经商亦好学好便好，创业难守成亦难知难不难。”这是侯家第三代侯培余用以教导后世子孙传家承业的家训。显然，侯家也在对子弟进行经商立业的教育。

（三）反面的禁戒、规劝

在从正面对子弟提出一些要求的同时，针对当时的社会时弊，晋商家族还在其家规、家训中对子弟作出一些符合社会公德的戒律，以防止族中子弟染上不良的习气。

当鸦片烟流入内地后，常家十二世常龄曾撰文《鸦片烟四戒》，其中谈到鸦片烟的四种危害：一败先人名节，一促本人寿算，一耗自家财产，一失子孙楷模。并将之勒于石，在全族进行禁毒的宣传教育。这一警示，挽救了不少族中子弟，也使家族未因烟祸而败落。

乔家的第三代掌门人乔致庸，在总结其他大户人家衰败原因的基础上，为本家子孙制定了严格的家规：一不准虐仆，二不准纳妾，三不准嫖妓，四不准吸毒，五不准赌博，六不准酗酒。需要说明的是，在封建社会的大环境里，在已经拥有了无数金钱的小环境下，乔贵发的孙子能制定这六条家规，在乔氏家族的发展和乔氏商号的发展中，都是一种很了不起的自律。这种自律精神是很有经典意义的。可喜的是，乔氏后裔基本上能够恪守家规，谨慎经营生意，使乔家成为晋中首屈一指的富商巨贾。

为服务于家族的商业经营和利益，晋商在家规中还三令五申，凡家族中成员，任何个人均不得在其经营的商号、票号中随意支取银两。

常言道，国有国法，家有家规。在中国几千年的文明进程中，教子家法是其中很重要的组成部分，许多关于教子、诫子、家书、治家等的文字材料流传至今。今天，多数人对于家规、家训之类的教育已经不以为然，对于旧时代的家法更是深恶痛绝，把它们看做是吃人的封建礼教和束缚人性的精神枷锁。然而,从山西商人的家规内容来看,还不能与封建的宗法礼教相提并论。因为，晋商家族的祖训家规，多数是他们一生阅历经验的总结。其主要内容大多是告诫子孙创业非常艰难，守业亦当勤俭，经营中要以信服人，处世时勿招人埋怨，对待同行以宽厚为怀，对待下属以仁爱为本，等等。如此的祖训家规，贯穿着晋商对中国传统文化中道德伦理观念的认同和继承，其对晋商维持久盛不衰的业绩，确实起到了积极的作用。

第二节 理性的教育行为

重视家庭教育的观念只是一种思想，这种思想是通过具体的行为实现的。晋商为了教育好子侄，有的亲自施教于子侄辈，既为父兄又身兼教师；而大多数则配合塾师，严格督责子孙后代接受教育；更有的不惜重金，延请一些有名望的学者和文人入塾为师。

关键词：塾师 家教 束脩

一、既为父兄 身兼教师

晋商在经商的同时，经常利用闲暇时间或尽量挤出时间，亲自教育子孙后代。这类材料在明清时期山西商家的族谱、家谱中，随处可见。灵石静升王家族谱中的记载最为集中。王梦鹏的父亲王逊之，族谱中记载他“好读书，务求心得，教弟并子侄辈，篝灯课读，鼓励弗辍”，所以才有了“后皆蜚声庠序”的结果。显然，王家能有如此理想的教学效果，得益于王逊之对后代的亲自施教。后来，到王逊之的儿子王梦鹏时，也承袭父辈重视家庭教育的传统。王梦鹏的儿子王中辉在后来给其父撰写的“行状”中说道：“不孝中辉，幼承庭训，朝夕以读书砥行为戒勉。”此处的“庭训”，实际上指的就是王家的家庭教育。不仅在家时注重对子孙后代的教育，即使出外经商或远游，长辈也不忘记以书信的形式勉励后辈。所以王中辉在其父的行状中还写道：“当不孝（指中辉本人）游学京师时，府君（指梦鹏）寓书谕以言动务遵先世矩矱，毋弋取声誉，浮而不实。”可见，王家几乎每代人都无时无刻不对子孙后代进行教育。王家另一族人王顺之，“义气为重，好读书，领略大旨，教弟与子侄务实学，皆能蜚声胶庠”。即，除了自己喜欢读书外，还以实学来教育后辈，并且产生了良好的效果。

类似的材料在明清时期山西其他商家的族谱中比比皆是。

洪洞商家李氏家族的宗谱中记载其族人李白斋先生“惟闭门教子侄，俾得各成人”。

代州商家冯氏家族的族谱记载，其族人冯金泉曾在广陵一带经商，虽然商务繁忙，“今日迎越士，明日延吾客”，但是他“而肫肫以课子弟为务”，将教育子孙放在头等重要的位置。而且，他还“常倍值给其弟与诸子之读书者”，以鼓励后代读书受教育。

常氏家族的族人常立屏的史学造诣很深，“诸子师课外，复亲诲之，剖析经义，每至宵分”。正由于长辈坚持亲教子侄，才使得常家后人的学问和品行日进。

在明清时期山西各地的县志当中，晋商注重教育子侄辈的事例也随处可见。《洪洞县志稿》（手抄本）记载洪洞县人王克让：“服贾东省，

延伸阅读

行状，汉朝称“状”，元代以后称“行状”或者是“行述”。即叙述死者世系、生平、生卒年月、籍贯、事迹的文章，常由死者门生、故吏或亲友撰述，留作撰写墓志铭或为史官提供立传的依据。

胶庠，周时胶为大学，庠为小学。后世统称学校为“胶庠”。

冠山书院位于山西平定冠山镇后沟村西南，冠山山势崛峨，烟云缭绕。冠山书院为山西历史上有名的书院。

嗣以亲老旋里，生平好汲引，亲友中赖其成就者甚众，年八旬犹矍铄，课读子孙，朝夕不辍。”光绪《续猗氏县志》记载，临猗县孙家庄人荆百达，从小就爱好读书，长大后因为家庭贫困，不得已在河南一带经商。年老归里后，“修理祠堂，教训子弟”，集中对子孙后代进行教育。民国《灵石县志》记载灵石县人耿争光，他的两位兄长出门在外经商，“公居家，奉母，课子侄”。 这表明，耿家既有出门在外经商者以供家族生存，也有在内理家者亲自教育子孙，这从整体上表现了商人家族对家庭教育的重视程度。

二、不惜重金　延聘名师

在晋商的家族教育中，晋商族人除了亲教子侄外，有条件的家庭，还专门聘请有一定影响和威望的人担任塾师。明人张四维的《条麓堂集》中记载蒲州商人徐时望，当其子尚年幼时，他便“为之延师授业”。 汾阳儒侨陈氏家族的十三世陈瑞拱，靠经商起家，拥有一定的资产后，便十分重视“延师训后”。灵石巨商王氏家族的族人王钦让，生平勤俭朴素，“衣服饮食均不染豪华气习，本族十余家子弟，代为延师课读，才具平庸者，送入自己商号学习生意”。生活富裕后，不是追求生活的奢华，而是为家族子弟延师课读，可见其对教育的高度重视。太谷县武家堡人杜如椿，常年在塞外经商，不能亲教子侄，于是便为子孙后代延请专人进行教育。代州商家冯氏家族的冯实君，“延师课子,风雨不辍”。同治《河曲县志》对河曲县人常怀礼,有如下的记载：“始而业儒，孝友成性，继而服贾，信义孚人。踪鲍叔之宏通，慕弦高之豁达，贸易中，罕有其人……至家道蒸蒸，田园滚滚，其由贫致富，由困及亨……承先固，笃启后，尤勤重道崇儒，尊贤取友，为子侄辈延师课读，不惮千里之遥。”可以看出，常君作为一个接受过传统文化教育的经商之人，是非常注重为家族后辈延请教师的，甚至不惜财力。

或许是追求良好的家庭教育效果，或许是由于财力的支持，明清时期的晋商在聘请塾师时，尽量选择一些有名望的学者和文人。介休商家温氏家族的温勤斋，其族谱中记载说：“子孙率皆勤业，而尤雅爱斯文，必延访名师以成其学。”猗氏县人张映斗，爱好读书，但因为家贫而不得不放弃学业，出外经商。也许是自己放弃学业的遗憾，也许是在经商过程中对传统文化的体悟，在经商致富后，他毅然决然地“延名师教子侄入庠”。太谷县敦坊都商人温忠善，民国《太谷县志》记载他：“经营筹划，不以顷刻废学，延名师于家，课弟侄，皆有成就。”常氏家族的族人常维丰，“尝延名师为子侄师”。还有代州冯氏家族的性初公，为了“克振家声”而注重“教子读书”，族谱中记载他：“名师良友更招致，不少吝惜。”也由于尊师重教，他受到乡人的推崇。平遥商家冀氏家族的宗谱中记载其族人最堂公：“建凤鸣书院城西别墅，择族人颖秀者弦诵其中，所延师皆通籍明儒。” 此处的“通籍明儒”，指的就是学问造诣很深的儒士。

山西祁县乔家大院的大型砖雕照壁上书《省分箴》：“夕晦昼明，乾动坤静，物禀乎性，人赋于命，贵贱贤愚，寿夭衰盛，谅夫自然，冥数潜定，蕙生数寸，松高百尺，水润火炎，轮曲辕直，或金或锡，或玉或石，荼苦荠甘，乌黔鹭白，性不可易，体不可移，揠苗则悴，续凫乃悲，巢者罔穴，泳者宁驰，竹柏寒茂，桐柳秋衰，阙里泣麟，傅岩肖象，冯衍空归，千秋骤相，健羡勿用，止足可尚，处顺安时，吉禄长享。”全文由乔家女婿、著名书法家赵铁山（1877—1945）所书，字体圆润遒劲，整篇富有书卷气，和所写内容浑然一体。文章出自南宋哲学家、文学家吕祖谦编著的《宋文鉴》，文章通过列举自然界动物、植物、金属等各种物质的自然属性，以及人类社会的发展、盛衰等现象，阐明世界上一切事物都是出于自然，从而劝诫人们要遵从各种自然规律，要知足。

近代驰名中外的书法家赵昌燮，出生于太谷城内一个富商家庭，幼年在家塾读书时，其父聘请定襄梁一斋和盂县史卓如两位先生为其授业，这两个人在当时都是有名的学者。太谷巨商曹氏家族的最后两位塾师，一个是文水县的乔汝衡，清朝拔贡；另外一个是文水县的苏尚宽，是清末举人。自然，这两位先生都可以算得上是当地有名的塾师了。据《榆次教育志》记载，清末民初，榆次北田镇富户侯对庭和聂店村富户王文洲先后聘请常立范、郝维藩等为塾师，教授自家子弟。而常立范、郝维藩在当时更是山右有名望的学者。

山西榆次常家庄园中的雕塑，表明常家重视子弟教育的情形。

为了能够聘请到一些德高望重的饱学之士，晋商甚至不惜花费重金。而且，对待塾师礼遇有加。

代州冯氏家族的寿山公，族谱记载他说："逮长，从祖父贸迁秦梁间，训子业儒，多方启迪，隆师亲友，供意备至。"这里的"隆师"，即是指对塾师的礼遇和尊重。"供意备至"也体现了对塾师的照顾周到。而这一切，都需要一定的财物作保证。介休商家温氏家族的温绍周，其族谱记载他："凡事省费，惟读书一事，绝不吝惜。"温公在生活上艰苦朴素，而唯独在读书一事上不惜费用，足以说明其对子孙教育的重视。《续修石氏族谱》中记载盂县商家石氏家族的九世石维岳，"俭于自奉，而延师会友，以训子孙，甚费"。尽管生活俭朴，但是在延师教育子孙方面是绝不吝惜钱财的。

山西祁县乔家大院“学吃亏”匾。

常氏家族的常怿，其家乘记载他道："公自奉极俭约，而为子侄辈延请名师，束脩贽赆，不惜重金。"其另一族人常维丰也很重视对其子常承祖的教育，宁可自己生活上俭朴，仍然坚持为子侄辈延请名师。现代学者程光、梅生在其《儒商常家》一书中认为，整个常氏家族在办教育方面有很强的投资理念，所以在聘请塾师方面更是不遗余力。他们花重金聘请名师宿儒坐馆于西席，而且给予这些人以尊贵的地位和优厚的礼遇。有关资料显示，常麟书的业师有侯征泰、白遇清、李师沆、张西园等人，他们在当时的山西都是儒学名宿，还有寿阳举人温晋昌、太原举子郝荫榕等一批儒学之士也都曾经在常家私

延伸阅读

拔贡，科举制度中由地方贡入国子监的生员之一种。清制初定六年一次，乾隆七年（1742）改为每十二年一次，由各省学政选拔文行兼优的生员入京师，称之为拔贡生，简称"拔贡"。

束脩，古代，学生与教师初次见面时必先奉赠礼物，表示敬意，名曰"束脩"。早在春秋时已经实行。旧时也指送给老师的酬金。

塾任教，使常氏家族数代人接受了比较良好的传统教育。关于常家对教育的重视程度，当地旧时的举人郝荫榕曾无限感慨地说："魏榆素封之家，不一而足，而以读书为急务者，为常氏。"这些饱学儒术的老夫子遇到这样一个环境，也如鱼得水，乐教不疲。"名师"给常家带来的教育效应自然是比较理想的。

太谷县北洸村巨商曹氏家族在家业兴起以后，便很重视让子弟读书受教育。曹家为其家塾延聘名师任教，而且对教师的待遇非常丰厚，每年酬金大概在百两以上，这在当时的社会是一笔可观的费用。

《榆次教育志》记载，榆次王村富户郝泰宇民国五年（1916）设家塾，聘请车辋村举人常立教为塾师，教自家子弟五六人，而一年的束脩白银竟高达数百两。为五六个子弟花费如此巨额的教师酬金，再加上其他的开支，其教育投入是非常惊人的，据此足见其对教育的重视程度。

祁县巨商乔家为其家塾聘请塾师一定要聘学问渊博、有名望的饱学之士。据史料记载，先后在乔氏家塾执教的有刘奋熙及其儿子刘伟；还有程宪文、范星三、常春如、梁柱三等人。其中，刘奋熙是当时的名儒；刘伟在学儒的基础上擅长医学；程宪文后来是乔氏万川会掌柜；范星三在新中国成立后曾经担任北京图书馆的馆员；常春如长于数理化；梁柱三长于文史，后来在祁县一高、祁县中学担任文史教员。乔家给予塾师的待遇也十分优厚。胡育先、武殿琦在《祁县乔家堡"在中堂"简介》一文中指出，"在中堂"塾师的年薪是二百大洋以上（折合当时麦米 80~100 石）。乔家对所聘本县名儒刘奋熙，尊敬异常，以致不敢对刘提束脩报酬，只是暗中对刘家给予多方资助，以解决刘家的后顾之忧。

值得注意的是，乔家礼遇教师有一个特色，即对教师逢节日有例敬，也就是说，每逢节日时专门送给塾师一份礼物，以表示对塾师的尊敬，如年敬、节敬等。平时专门配有两名书童来陪侍，其伙食与主人中最上等的相同，塾师吃饭时由家长作陪，逢年过节要设专筵招待。遇到乔家有家宴或者宴请宾朋，一定要为教师设立首席来招待。平时塾师回家时，乔家必备轿接送，家长率子弟恭立甬道送迎塾师。平时供奉的糖果、点心也甚精致细巧，仅中秋节各房送给教师的各式月饼就有二百多斤。

乔家如此对待教师，其尊师之心和重教之情是显而易见的。这在当时的社会背景下也是很可贵的。

山西商人对塾师的尊重是很普遍的，更有甚者，是介休巨商侯氏家族，当时，徐继畬的父亲徐润第在侯培余家任教仅半年，突然感染疾病，卧床三天后就卒于侯家馆舍，侯氏兄弟痛失良师，便动用事先为自家母亲准备的寿棺给先生入殓。出于对徐氏父子品学的钦慕，又礼聘徐继畬继任其父教席，直到他丁忧服阕入都授翰林院编修为止。

此外，晋商对子孙教育的重视还表现在舍得花钱为子弟广购图书、为子弟读书而任劳任怨等方面。这一点，在常氏家族中表现得尤为明显。《常氏家乘》记载常家的后人常怿，“诵讲之余，或欲求古图籍、古碑版，苟有益于学问，虽费数百金不靳也”。只要是他认为有用的书籍，就不惜花费重金购买。为了让其弟能安心读书受教育，他任劳任怨，“恐家庭琐务纷扰其读书心，遂事无巨细，独任仔肩……冀弟名成”。十四世常光祖也是如此，他曾对子孙说，“汝等但读，家庭琐务我自营之，毋需尔近”。从《常氏家乘》中随处都可看到，常家各堂的家长都舍得花重金为子弟课读广购书籍，满足他们求知的需要。

延伸阅读

丁忧，原指朝廷官员遇到父母或祖父母等直系尊长等丧事，无论此人任何官何职，从得知丧事的那一天起，必须回到祖籍守制二十七个月，称“丁忧”。后多指官员居丧。

三、配合塾师　严加督责

在投资为家塾聘请教师的同时，晋商还对其子弟严加督责，以期获得更好的教育效果。

乔致庸不但擅长经商，而且注重教育。他在家族中给后辈设立私塾延请名师的同时，还经常亲自督促儿孙学习。代州商家冯氏家族的性初公，从振兴家业的高度充分认识教子读书的重要性，因而对其子弟“时加督责”。榆次常氏家族的常承祖，“立家塾，督课其子侄，不事姑息，有过辄请于先生，俾受朴责”。常君对子孙课读的监督之严可见一斑。洪洞商家王氏家族的敏庵公，从小就喜读儒家经典，后来因为家境所迫，弃儒经商。其家谱中记载：“晚年，子孙林立，延师课读，每下塾，辄考其课毕否。毕则喜与语，更为剖析疑义；不则毅然对之，不复与言，亦不呵责。然子孙以是无敢稍惰者。”很显然，敏庵公的“下塾”，有点像我们今天的“视学”，对其子孙的学习和成长起到了非常严厉的监管和督促作用。

由于山西商人对子孙教育严加督责，其家庭教育都取得了良好的效果，其子孙大部分都接受了一定程度的传统文化教育。民国《解县志》记载解县人赵怀璧：“以商致富……子五皆教读，督课甚严，后相继入泮。”解梁商家《孙氏族谱》记载其家族的孙毅伯：“督儿辈读书甚严，属望亦切。诸子幸皆成立。”光绪《洪洞县志稿》记载洪洞县人张铨部，其家有商铺数十处，

延伸阅读

入泮，周朝时诸侯的学校前有半圆形的池，名泮水，学校即称泮宫。后世“入泮”泛指入学。

◆ 山西平遥文庙明伦堂内孔子像，楹联上书："博学笃志中庸治世，切问近思大道修身。"

但他从小"酷嗜读书，博学善记，过目不忘，儒林咸钦慕之"。而且"幼在家塾卓□不群"，所以"父与大父因其可造，考课甚严"，再加上张君个人的努力，"商务数十处以一人经营，简牒酬应，无暇晷然修之，志勿懈，必课余措置之，即山川跋涉星夜旅驿，间未尝旷厥功"。因此，取得了一定的成绩，"道光戊子登贤书，癸巳成进士"。资料中的"考课甚严"，也体现了张铨部的先辈对子孙的教育督责之严。常家十二世常龄，对本家子弟实行岁终督察，"每正月为酒食，招族人兄弟子侄均集，奖贤警顽"。可见，常龄根据子弟的具体情况实行相应的奖励或惩罚，以严格管理，增强效果。

从日常的口头说教到亲教子侄，从聘请名师不惜重金，到花费大量钱财

山西平遥文庙中有官员学者的画像，背景是世界地图的轮廓，表明当时晋商胸怀全球的眼光。

广购图书，乃至为后代能够接受教育而不辞辛劳地承担家务等等，都说明山西商人对家庭教育非常重视。正如葛贤慧教授在《商路漫漫五百年——晋商与传统文化》一书中所总结的那样：“即使最初因穷困而走西口谋生的创业者，当初没有读书的机会，但致富之后无不严课子弟读书。晋商大家族中，最有影响的乔氏、渠氏、常氏、曹氏等，都是从贫困中起家，而后既从商又重教，商家子弟不经过读书受教的严格培养，是没有资格继承祖业的。严课成为山西商人家族文化的重要组成部分。”严课也是晋商家族重视对子孙后代进行教育的具体表现。

第四章

道德经世　兼及科举

明清是中国封建社会的最后阶段，传统的道德伦理当是教育的主题，晋商的家族教育也不例外。读经研史、尊孔崇儒无疑是家族中幼年学子学习的最初内容，而仁义礼智信、修身养德又是晋商家族教育中的必修课。与此同时，晋商鼓励和提倡实用之学，从算术到书法、从心术到商技，无不涉猎。也有一部分富裕起来的晋商族人时刻渴望着向“仕”的流动，因此，“科举应试之术”也是其主要的教育内容之一。

翻检与晋商家族教育有关的一些史料，给人一种强烈的感觉，那就是，晋商家族的子孙后代学习的内容是极其广泛的。

第一节 传统的伦理道德

谈及古学，我们的头脑里就会出现一个画面，一群身着长衫的懵懂少年，摇头晃脑地吟唱“人之初，性本善……”这是传统封建教育的最好写照。应该说，晋商的家族教育也不例外，首重传统道德伦理，推崇仁、义、礼、智、信，教以勤俭美德，是他们的基础教育内容。

关键词：儒家经典 仁义 忠信 勤俭

民国《灵石县志》记载灵石静升巨商王氏家族的王筵宾：“暇则手一编，博览群书，音韵、算学、星经、地志，无不通晓。”族人王梦鹏，“自幼端厚，专心汲古，于书无所不读，即严寒酷暑，非三鼓不就寝，尤究心于濂洛关闽之说”。

洪洞商家王氏家族的家谱中记载其族人方来公，“博通典，故尤邃易理学者”，所以士人“多从问疑”。族人王双桐，入邑庠学习：“益奋志读。自左、国、庄、迁、固，唐宋诸书，靡不浏览，遂精制艺与诗，古文词诗尤擅长，声誉丕振。”其另一族人王无私：“生而颖敏，翁为延名师课读，习毛诗，辄有解。”

根据代州商家冯氏家族的族谱对其族人学习内容的记载，我们可以感受到冯氏家族教育内容的广博程度。族人冯如京：“博综群籍，六经子史天文地志阴阳律历之书，罔不爬抉幽渺，含咀英华。”族人冯秋水，“太夫人明诗书，能为经生，家言授以周易、毛诗，神解起悟，一过辄成诵”，进入邑庠学习后，“博综群籍，凡经史子集、兵农律吕、九流稗志，探之罔弗，搜精洞微”，后来，“会有保举贤良方正之诏，先生以明经应聘廷对，极言天下削弱不振，上下矜虚文，典法沦斁，治身者先治心，治国者先治朝”。可见其博学多识。冯氏家族另一族人德敷公，“稍长，肆力于经史……凡天文舆地农桑礼乐之书靡不究，虫鱼草木名物象数之繁无不悉也”。其学习的内容既有经史典籍，又有实用之学。族人叔辰公，“性嗜学，淹贯经史，践履笃实”，以致“当道咸重其学行，争延致之”。族人培庵公，“肆志于学，尽通群籍”，“慨然以古学者自期”。还

山西榆次常家庄园石云轩书院听雨楼的牌匾“名教有乐地”取自元好问诗，楹联上书“已洁心源超世表，只将诗句答年华”。

有其族人雁峰公，“数岁入家塾，读书即通晓大义……博综群籍”，所以日后能“课子弟教以义方”。由此可见冯氏家族教育内容之广博。

《卫氏宗谱》记载洪洞商家卫氏家族的纯庵公，“以程朱正学诲子弟，手录古人嘉言懿行一本。为持身涉世者法，皆切实可实行，而不拘拘于腐局，其子弟来前，未有不谆谆训诫者”。

榆次常氏家族也特别注意鼓励子弟博览群书。《常氏家乘》记载，十二世常炳幼年就读于家塾，“志初不安于小就，故博览群书及诸子百史，以为异日应天下事不可以无具”。十三世常立教是一代博学之士，不仅熟读经史，而且“综览兵家……又旁通天文……诸书”。

在如此丰富的教育内容中，晋商首先注重

延伸阅读

濂洛关闽之学，是宋明理学中几种流派的总称。濂学指周敦颐之学，洛学指程颢、程颐之学，关学指张载之学，闽学指朱熹之学。

制艺，中国古代科举考试规定的一种文章体裁，明清时称八股文，也叫制义、时艺、时文、四书文。

的是传统伦理道德，在此基础上也讲求经世致用的学问，同时还有对于科举应试之术的兼顾。

作为商人群体，要在社会上生存并聚财敛富，首先必须具备社会所要求的最起码的道德规范，这一点，商人与其他社会成员是有共同之处的。晋商在家族教育中，把培养子弟具有较高的道德修养作为最基本的目标。

代州商家冯氏家族的族谱记载其族人雁峰公："课子弟，教以义方。"《王氏族谱》记载灵石商家王氏家族的悔间公："教子以义方，无少姑息……所谓立身有本末者欤。" 这里，王君是把"义方"作为一个人在社会上的立身之本来强调的。还有介休商家温氏家族的族人绍周公，其族谱记载他说："(公)训教子孙，独有义方。子孙虽愚，经书在所必读。性敏者必使努力前进，耀祖光宗。"温君也把"义方"作为子孙能够光宗耀祖的一个重要方面。洪洞商家王氏家族的家谱记载其族人敬宇公："治家勤俭，教子弟以义方，不令近匪人。"平遥商家冀氏家族的海泉公，曾在京城做汇兑事务，后来归里，设义塾。其宗谱上对他有这样的记载:"老而勤学,乐善好施……尝谆谆以义方教子侄。"

从字面意思上看，"义方"就是指做人的正道，也就是为人处世应该遵守的基本规范。那么，"教子以义方"，就是要求子弟必须加强自身修养，努力追求高尚的道德，做一个有修养、有道德、人格完美的人。这其实也是儒家学说所提倡的理想境界。晋商在家族教育中，"教子以义方"，体现了他们对子弟道德修养方面的最高要求。

在"教子以义方"的思想指导下，凡是有助于养成子弟良好道德品质的内容都在教育之列，遍涉经史子集，尤其是儒家伦理道德规范等等。

一、经史百家　尤重儒典

晋商首先注重教育其子弟学习"诸子百家之书"，希望子弟能够吸取各种文化典籍中的精华，最终达到"以心计阜通货殖而擅其赢"的目的。因此，他们把传统经史典籍作为教育的首要内容。代州商家冯氏家族的四世冯文泉，"游庠愈肆力于经史百家，又善说诗……执经受业者趾相错于门"。洪洞商家

山西祁县乔家大院的楹联："百年燕翼惟修德，万里鹏程在读书。"

卫氏家族九世卫英，其宗谱上说他："向学不乐嬉……自幼颖敏，嗜学，即有志于古人，大肆力于经史百家，一以精思力践为要……于经书子史及濂洛关闽之学，靡不研究……务求得其要领。"

在传统的经史典籍中，多数人又以儒家经典为主。蒲州商人王瑶，幼年读书时，主要学习孝经、四书等。《王氏族谱》记载灵石王氏家族的王凝五："其设教也，以小学、孝经为门户，四子书、五经为根柢，而博之以诸子百家之说，口讲指画，夜以继日。故凡受学者，克矫然，自异于俗学，里中人无大小，见之，皆知其从王先生游也。" 洪洞商家卫氏八世的卫以德，其宗谱记载他说："八岁，游乡塾，师资授以小学、论、孟诸书经，口授辄成诵。"洪洞《刘氏宗谱》记载商家刘氏家族的刘耕岩，能从学子读书声中分辨出学生学习的进退情况。平日里喜读诸子百家之书，经常诵读《大学》等篇章，用以启迪学子。洪洞商家王氏家族的王双桐，生活于明清之际，其家谱记载他："幼颖异，善记诵，甫十岁，六经可覆读。”民国时曾任山西省教育厅厅长的清源县人陈受中，在给代州商家冯氏家族的族人冯紫雯所作的传中，写道：“八岁入塾，动止异常儿……（郡先生）授以《近思录》及先儒语录，遂心领神会，肆力于身心性命之端思，欲躬行而实践之。”

毋庸置疑，四子书、五经、濂洛关闽之说、程朱正学等等，均不外乎儒家的经典。可见，儒家经典作为传统经史典籍的主体部分，在晋商家族的教育内容中占主导地位。晋商对子弟进行这些内容的传授，希望他们能从中掌握一些有益于修身、经商的伦理道德规范，最基本的无疑是仁、义、礼、信、勤、俭等。

延伸阅读

《近思录》，是依据南宋朱熹、吕祖谦二人的理学思想体系编排的，囊括了北宋五子及朱、吕一派的学术著作，是中国古代儒家思想文化发展成熟的标志。

二、仁义礼智　孝悌忠信

儒家伦理道德具体化、规范化和制度化的表现形式就是“礼”，而“礼”又具有很强的约束性和可操作性。因此，晋商把讲究礼义道德置于教子修身立德的头等位置。“礼”的具体化又表现为孝悌忠信。首先在家庭内部讲究孝悌之道，而将之扩展至社会，就是忠和信，因此，晋商在家族教育中，为了提高子弟的自身修养，以“仁”为最高原则，以“义”为达到“仁”的正确方法，对他们的子弟进行孝悌忠信等伦常教育。

山西洪洞商家王氏家族的家谱中写道：“人生世上，事事从伦常上做起方是正人根基，件件从伦常上讲究方是真实学问。”代州商家冯氏家族的族谱记载其族人损庵公：“公为人精明强干，熟于经世之务，而居心仁恕。”这里的“居心仁恕”，是指以儒家的仁恕作为修身之本。冯氏家族另一族人寿山公，其族谱记载他说：“戒诸子谆谆以忠、孝、仁、恕为首。”介休商家温氏家族的温勤斋之妻郭孺人，其族谱中对她有这样的记载：“孺人教子女时以忍让为高。”可见，商家妇女对子女的教育也是以儒家的道德规范为主的。

解梁商家孙氏家族的族谱记载，其族人孙晋陛，在回忆其父对他所进行的教育时，如是说：“不义而且富贵，老父之教所不许也。”显然，其父对他的教育是以“义”作为富贵的前提条件的。《冀氏宗谱》记载平遥商家冀氏家族的凯连公：“（公）虽身经贸易而无市厘之气……事母以孝，待兄以恭，教子以义。”介休商家温氏家族的宋孺人，其族谱上说她：“以课子及孙为念，咸令谨守礼法，不作富家骄态。”代州冯氏族谱在谈到其族人菊人公时，写道：“其先大父明经积学，日以孝友忠厚训子弟。”显然，菊人公之父对子弟在进行教育时，也强调孝友忠厚。其六世冯如京是这样教育他的孩子的：“儿读书须以忠孝为本，当身体力行，以成我志，无徒章句是。”值得注意的是，这是冯如京临终时嘱托他儿子的话，其以“忠孝”教子之心可见一斑。

清朝时期山西平定商家张氏家族家谱记载其十四世荣兰公：“训子孙以孝悌为先，读书为本，厚待穷人为要。”定阳商家张氏家族的族谱记载，其长辈是这样训诫子侄的：“勿以意气先人，勿以智巧自矜，宁朴勿奢，宁宽勿鄙，宁直勿曲，宁厚勿浇，宁留阴德勿存阴谋。”解梁孙氏族谱中对其族人孙海观有这样的记述：“先生诫子弟曰：处世无他，只信实二字，终身用之不尽，勿矜、勿躁、勿当、勿偏、勿自私、勿自利，成败通塞听之而已。其言与宋儒语录相类。”

代州商家冯氏家族的冯伯高先生，其族谱对他有这样的记载：“固督二子读益勤，尝进而诏之曰，人生以忠诚信义为主，以浮薄乖僻为戒。又曰，人当穷困时，平心忍耐，都是磨炼身心之事，从此立定脚跟，将来如有存进，即不动摇矣。”在这里，冯先生以儒家的忠诚信义来训诫子弟，并且将之作为立身处世的根本法则。所以，其族谱称他“仁而好施，教子有方”。山西崞县商家徐氏家族的永昌君，后来在其族谱中回忆其先世时说：“学人儒者有语书

山西平遥晋商大院中可见这样的楹联："雅兴须心读，妙趣自天成"，横批"履顺处安"。

养气之功……刚健笃实……如此，亦所禀受者有异故也。且先君子之教（永昌）谆谆以诚信有恒无忝先德为务，尤有以间先君子立身行己之。"也就是说，永昌君在家族中接受了其先君关于"诚"、"信"和"立德"等方面的教育。其族谱中的另一则材料与上段材料相互映照："（先生对其子永昌）训以立身之道，曰诚曰信曰义，务主实践。又训以处世之方，曰有恒。"

三、勤以修身　俭以养德

古今中外，任何一个存身于社会的人群、阶层和集团，要想脱颖而出，都必须具备一定的立身处世的伦理道德规范。这些伦理道德，除所有人群都应当有的一些共同的规范以外，不同行业的人群还有其特殊性。而对于商人来说，勤俭节约、敏锐精进等则是这个阶层成功的特殊品质要求。正如学者林大雄在他的《传统中国商人的文化洞察》一书中所言：“甚至从某种意义上说，传统商人正是社会中相对来说较为具有勤俭刻苦精神的一群。”

勤俭是中华民族的一种美德，“兴于勤俭败由奢”是中国人对家族兴衰之由的经典性解释，无论草根社会还是皇家天子，都对此深信不疑。勤与俭，也是商人积累财富的一种重要手段，它对于奠定商业活动的最初物质基础，扩大经营规模，无疑起着十分重要的作用。因此，在晋商勃兴的年代，“克勤于家”一直是晋商持家兴业之本。比如榆次常家常万玘和常万达的财富远远超过了父辈，但他们牢牢记着父辈创业时的贫穷与艰难，自己首先坚持粗茶淡饭，俭朴度日。据《常氏家乘》记载，九世常万达在俄、蒙一带率族人经商的时候，“居艰辛弗避，历数十年如一日，居恒薄于自奉，无事不戒其奢华”。“以后，此风代代相传，至十三世常维城时，勤俭之状一如其祖，虽‘家财殷富’，但‘自奉俭约一如寒素，见之者不知为富翁也’，而且‘勤于家政，起必五更，历数十年如一日’。”

山西灵石王家大院常可见到这类碑刻：“勤治生，俭养德，四时足用。”

山西榆次常家祠堂。

俭朴之风是晋商在艰苦创业中保护自身的本能。为了保证商业的延续和家族的长久不衰，晋商把勤俭作为传家宝留给子孙，告诫子孙克勤克俭，兴业守业。在明清时期晋商的家族教育中，就特别注重对子弟进行勤俭教育，以养成他们的勤俭之习。据史料记载，明代山西曲沃富商李明性对于子弟读书要求很严。他对诸葛亮的《诫子书》甚是推崇，并让儿孙们熟读背诵，还借此告诉子孙们静心而学和俭朴养德的重要性。山西洪洞商家李氏家族的李湘浦先生，其宗谱记载他："又虑后人之狃于奢侈怠惰之性，不知祖宗辛苦之业，于是举先世勤俭之风一一训示之，即饮食起居之顷，犹不废告诫，所以防其逸志，而启其善念者至深远也。"

在榆次常氏家族，常万达以"满而不溢，视有若无"和"勤以修身，俭以养德"而为后人称道。仁与义能成为常氏家族的一种家风，从常万达这种不忘创业艰难、教育后代富不忘穷中可见一斑。常氏家族第十二世常恽，在

"诗礼传家"匾

其《寿序》中说："窃谓积财不若教子，乃以训诲为急务……君不自功，而惟勤与俭实君所优。能不知勤俭两字乃亲承先父母之遗，欲下以示诸子孙而夙夜不敢忘者也……倘若后世子孙不以庸人鄙我，无功无能弃我，而惟勤俭是求，则有以慰吾心者，即所以绵吾算也。"还有商界巨子常立仁，日过千金，但是他一生布衣素食。他曾经刻有三枚印章，其中有一枚就是"勤俭忍让"。他还告诉子侄们说，他之所以手执"朱子格言"是因为受益匪浅，以此来教育后代要具备勤俭的品德。显然，常氏族人以勤俭为做人之本、传家之宝，将勤俭作为家族教育很重要的内容之一，这在晋商中是很有代表性的。

清代山西的许多富商大家，还把祖先创业时的算盘、扁担、货箱、背褡子供奉在祠堂里，警戒后世子孙永远记住创业维艰，保持勤劳节俭之风。比如，常家后人们把始祖常仲林的放羊铲代代相传，将它和常威踏上商途时的占卦口袋及在张家口开业的"常布铺"横匾都在祠堂供奉起来，让子子孙孙永远以创业先辈为榜样，勤俭持家，艰苦守业。这显然是在对常家后代进行勤俭教育。

太谷巨商曹氏家族，自曹三喜远走热河朝阳三座塔发迹后，始终不忘记自己的出身，勤俭持家，勤勉做事。家业渐雄后，除设家塾教育子孙外，还建祠堂，供奉祖先，教育子孙以祖先为榜样。在家中设普合堂，供奉始祖曹晋卿谋生用过的推车、几只砂锅和十四世曹三喜创业用的扁担、石磨及豆腐筐等物(后移于神祖阁)。逢年过节，上香祭奠，向子孙们讲述祖先谋生之不易，创业之艰难。每年春秋两季率子孙开堂祭祖，并亲自动手做豆腐，以此来教育子孙不要忘记祖先创业之艰辛，告诫子孙要俭朴生活，认真做事。不仅如此，曹家还设立号规，规定所有曹氏商号每年须磨豆腐三次，每次磨豆腐，掌柜必须亲自向磨神烧香磕头，并以此对员工进行传统教育。

祁县乔氏家族的奠基人乔贵发，早年创业时省吃俭用、苦心经营，终于为乔家创得一份家业。其后代乔致庸在训诫族中子弟时，常把“你老爷创业吃尽苦头，烈日当头在沙漠中赶骆驼，脚上的皮磨了一层又一层”的话挂在嘴上。《治家格言》（世称《朱子家训》）中的名言“一粥一饭当思来之不易，半丝半缕恒念物力维艰”，常被乔致庸用来训诫其族中子孙。如今，在晋商乔家大院的门楹上还写着“慎俭德”三个字。其家族对子弟的勤俭教育可见一斑。灵石商家王家大院的楹联上也写着“创业维艰祖辈备尝辛苦，守业不易子孙宜戒奢华”。可以说，反映晋商勤俭的楹联、实物在现在的晋商大院里随处可见。

晋商的勤俭之风，一方面是对传统文化的继承和发扬。众所周知，中国传统文化历来重视勤俭之德。另一方面，还受到山西地域文化的影响。晋商之俭，自古而然。翻开山西历代县志，有关山西人勤俭的描述随处可见。明人沈思孝《晋录》中记载：“晋中俗俭古朴，有唐虞夏之风。”

第二节 经世的致用之学

晋商家族教育的内容中，有一部分旨在经世，教以实用之学。其本质是教给后辈在日常生活和经商活动中所必需的技能、技巧，主要包括：为人处事的方式、社交礼仪手段；基本的常识，如算术、书法、医学、地理、历史等；经商的技巧、心术、经验等。

关键词：经世致用 算学 实用 商战

一、崇实黜华 注重实用

在子弟教育内容的安排上，晋商明确地崇实黜华，极力鼓励和提倡实用之学。商人李明性就曾经告诫他的儿孙们说，男儿应当以匡正天下社稷为己任，学以致用，而不要脱离社会现实。代州商家冯氏家族的百石公，也极力主张学习有用之学。其族谱中记载有他曾经说过的一段话："章句腐生呫哔穷年而不获见古人，吾知其无裨于世务也，小就不足以大成，拘区不足以通之。经济之术，当养之有素，不然者，一日膺民社，吾知其必败。" 很显然，冯君反对章句之学，而提倡"经济之术"，认为经济之术才是有实际用处的。榆次常氏家族十三世常立教是个见过世面的人，他最早接受了新思想、新学问，因此他曾提醒族中晚辈："方今以帖括取士，固不能不事举业。然为若辈计，究宜以有用之学为亟。"并且他自己带头实行，在实际教学中总是"悉发藏籍，择其可以致用者"进行传授。可以想见，

延伸阅读

帖括，比喻迂腐不切时用之言。后泛指科举应试文章。

他选择的当然是“经世致用”之类的书籍。

晋商家族教育的实际内容也确实能够体现其“崇实黜华”的倾向。《儒侨陈氏宗谱》记载，汾阳商家陈氏家族的九世陈良景：“公喜静恶嚣，厌华尚朴，集嘉言懿行以训子孙，其门庭尽肃然。”九世陈良沛：“公崇实黜华，力挽轻儇之习，于子孙训诲尤严。”陈氏宗谱中还记述了锡璜、善赞等人教育子弟的有关内容，从中可以看出其家族教育的内容具有尚朴、崇实的特点。

尤其值得注意的是，不少晋商家族的子弟还学习和研究书法、医学、地理、兵家等实用知识。民国《灵石县志》记载，灵石静升王氏家族的王奎聚，“幼聪明，书画篆刻无不通晓，攻岐黄术，尤精针法、眼科，手到病除，活人无算”。雍正《泽州府志》记载泽州府凤台县（今山西晋城市）商人王永珍之妻：“以家贫苦，俾受学岐黄，（子）义顺遂以医行于时。”洪洞商家李氏家族的李麟集，从小就跟从塾师就读，但是不愿为“举子业”，而慨然有“济世志”。

山西榆次常家庄园的砖雕：“惜子常读书精义是子家，爱鸟多种树疏密为鸟国。”

他对其父说："昔人言曰，不为良相，当为良医。良相非可望,愿为良医。可乎？"其父"是其言"。后来他博览内经，终成良医。无论其学习医术的具体原因是什么，我们在这里肯定的是晋商家族子弟对实学内容的关注，而且，这一行为，势必对当时当地的学习风气和教育内容起到一定的影响。

民国《太谷县志》记载本县人程锡璠，其父迫于生计在陕西一带经商，程锡璠"读书得要领，于尚书、地理、马史、五行志尤谙熟"。《王氏家谱》记载，洪洞商家王氏家族的箕阜公，幼年勤奋学习，功于读书，同时又倾心于孙吴书，常常利用闲暇仔细阅读。王氏家族的另一族人方来公:"善谈论工钟王书法，尤长草圣，能诗。"洪洞另一商家卫氏家族的卫时叙，其宗谱中是这样描述他的:"涉猎书史，略晓阴阳，善推星命，颇知刑名，商旅江湖，遇强者抑之，弱者扶之。"

在提倡和实行经世致用之学的同时，为了其家族产业的长盛不衰，一些晋商家族宁可抛开千百年以来"学而优则仕"的传统，堵塞宗族子弟的科举正途，此即所谓"业不可废，道唯一勤；功不妄练，贵专本业"。这在当时的中国社会，是与主流格格不入的，但晋商中的许多人确实坚决反对学时艺，反对应科举。从晋商家族的家谱、宗谱中可以看到不少相关的史料。

洪洞商家李氏家族的李湘浦，其宗谱记载他在教育子弟时说："不屑屑章句学，以实行为己任，平日娴习史传，举古人轶事为师。"他不

延伸阅读

草圣，指唐朝吴人张旭，善草书，性好酒。其写书法作品时如醉如痴，如癫如狂。被后人尊称为"草圣"。

重视应试科举的章句之学，而以推行经世致用之学为己任，平日里熟读史传书籍，并师法古人。李氏家族的另一族人鲲翁老先生，其宗谱记载他："每训诫子弟曰，吾辈读书，期于师法圣贤，区区以科第为志，斯陋矣。"他时常告诫子弟们，读书的主要目的在于师法圣贤，如果仅仅以科举中第为志向，这是卑陋浅薄的。显然他在告诫子弟，应科举是一种不明智的行为。洪洞另一商家刘氏家族的刘紫垣，其宗谱对他的记载是这样的："幼秉异资，天性豪迈，读圣贤书不以掇巍科为荣，而以敦实行为乐。"此处的"掇巍科"，就是指参加科举考试并获取功名。可见，刘氏是不追求这些的，而是以“敦实行”为乐趣。《儒侨陈氏宗谱》记载汾阳商家陈氏家族的九世陈锡璜：“公常慨士竞科名，只崇帖括与古文字，罕究心者。”所以，他不主张竞科名，而是“率异众生，常课诗歌传记，多脍炙人口焉”。即率领众生徒专心研究学问。

在《代州冯氏族谱》中，可以明显地看到冯氏家族在子孙教育内容方面崇尚实学、反对应试的倾向。其族人菊人公之父，明经积学，常常以“孝友忠厚”教育子孙。但他反对应科举，他训诫其子弟时说：“学问之道实为身心性命所系，科名特其余事耳。”冯家另一族人秋山公，“读书有特识，不屑屑兴俗下语，无心时艺，专心经史。尝曰，君子学以致其道，岂为科名而孜孜哉”！教育子孙不要追求科名。冯家六世冯如京在临终时对他的孩子说：“儿读书须以忠孝为本，当身体力行，以成我志，无徒章句是。”把反对专事章句之学作为临终遗言嘱托给他的后人，可见其决心之大。在这种思想的影响下，冯家后人便以实际行动反对章句之学，而只注重真才实学。其族人冯伯高先生，“淹贯群书，而于程朱之言尤为酷嗜，暇时日与知交讲论，触类引申，多出人意表。视章句帖括之学蔑如也”。他精通各类经典，但对程朱理学尤为热爱，闲暇时常与学友交流谈论，往往能够从某一事物推广延伸到同类事物，多出人意料。但他轻视章句帖括之学。

在灵石王氏家族的族谱中，此类倾向也较为明显。王氏族人王永斋，“青年入泮，不屑猎取功名，教子成立”。自己就反对猎取功名，可想而知，对子弟的教育也是如此。王家另一族人王悔间，虽然少年时曾“锐志功名，将以光大其宗”，但成人后，“已决意于斯，而诗书日诵不倦，盖将以圣贤为师法，更非徒滥窃词华为科名”。他每天诵读经典从不倦怠，以圣贤之道作为行动的准则，坚决反对为猎取功名而无节制地追求辞藻的华丽。其反对应科举的态度是非常鲜明的。

在晋商家族中，反对走仕途之路的典型当属祁县渠氏家族渠本翘之父。当他的儿子渠本翘高中解元，打马夸官时，他父亲却当街给他行跪拜大礼，连声高喊“给举人老爷请安”，以示抗议。在家族的压力下，渠本翘最终从驻日领事的显职上急流勇退，返回太谷兴办实业，终成晚期晋商的代表人物之一。同样的例子还有太谷的孔家，孔祥熙的曾祖父孔宪昌以遗嘱作家法，严令子孙“但求读书明理，经邦济世……千万不可应科举”。孔祥熙的父亲孔繁慈治经谨严，平生最崇拜孟子，却从未应举。

值得一提的是，晋商家族在提倡实学的同时，还对其子弟进行从商立业的教育。比如，山西汾阳商家陈氏家族的陈善赞，其宗谱记载他：“公训子甚严整。每曰，士农工商悉可为，要在执业勿迁，各适有成耳。而贤嗣遂杰出侪辈。”明确地告诫子弟，商业也是一个可以从事的正道，这在当时的社会是难能可贵的。

这里需要说明的是，晋商的这一思想倾向与盛行明清的“实学思潮”，具有很大的一致性。正如丁刚在《近世中国经济生活与宗族教育》一书中所言：“在明清之际，不少思想家本着‘崇实黜虚’的精神，不仅提出了求‘实学’、‘实功’，重‘实行’、‘经世致用’等主张，而且利用创办或主讲书院的便利，到处讲学，随时指点农工商贾和士子，使‘实学’思想不断深入民间，终得酿成一股汹涌澎湃的‘实学思潮’。晋商作为‘足迹遍天下’的商人，当在被‘指点’之列。这从一个侧面反映了儒学的社会化历程。”

二、算学书法　实用技能

晋商教育子弟，除了研习各种传统的启蒙教材和儒家典籍以外，还传授诸如算学、书法、语言等工具性知识、技能。

代州冯氏家族的族人冯敬南，其族谱记载他：“尤精算术，测高量远，求探推计古今，伸手布筹，咄嗟立办。世传九章书与西洋算法，人或辗转莫解，君一览立剖，辄指画令，人人可晓。”冯敬南的算学功底可谓高矣。后来他的族弟疆斋公又跟随他学算学，“少从兄敬南公学，究心经济、勾股及九章算法”，而且很有影响。其族谱上说疆斋公“读书究心经济，精勾股及九章算法，得昔人之秘”。可见，冯氏的家族教育内容是把算学作为很重要的一个部分的，而且其算学教育的效果非常理想。

五台县商家徐氏家族枚儒公，在算学方面也有一定的造诣，其族谱记载他：“多才多艺，尤精九章算术，如勾股少商之类，人穷年不得其解，公布指即得。”枚儒公不仅自己精通算学，而且以之教育子弟：“暇，则以是教子弟，故子孙多知算法。”很显然，商家徐氏在其家族教育中也是比较注重传授算学知识的。

明代蒲州盐商张四教也有一定的算学功底，他的兄长张四维在给其弟撰写的墓志铭中说道：“弟讳四教……尤精九章算术，凡方田粟布勾股商分等法，厘中白首不得肯綮者，弟皆按籍妙解，不由师授。” 由此可见，张四教早年在其家塾中，是学习过算学知识的，所以才有了后来的算学功底。

清代在山西商业比较发达的地区，还流行一些反映晋商重视对子弟进行书算教育的民谚，如“好好写字打算盘，将来住个茶票庄”

等。此类谚语可以在一定程度上说明，在票商兴起后的山西，当地民间曾弥漫着一股热心书算教育的风气。

从榆次常氏家族的家乘中，也可以看到常家长辈对其后代进行书算教育的情形。常家十四世常光祖，在负责常氏家塾的时候，就曾经为其族中年幼的子弟们“别延师……暇之又教之书数”。这里的“书数”，就是指书法和算学知识。十四世常际春，在与本族中的长者一同率领族中的年幼者外出经商之际，“以诸生徒谋生为计，书、算均宜究心，乃与堂叔仙州公（常立瀛）议定，业余授课”。可见，常氏家族对族人的书、算教育都给予了同等程度的重视。

三、相时观变　商战技巧

晋商在教育其子弟读书明理，掌握一些经世致用之学的同时，出于承继祖业、经营商业的需要，他们还注重教其子弟掌握商战的各种战略战术，如搜集信息、捕捉行情、出奇制胜、以变应变等，这对族中子弟最终成为商界的才俊，使族业持盈保泰，是非常重要的。

山西洪洞商家王氏家族的含誉公，其家谱记载他说：“迨公昆季，以盐贾起家，公又精心计，相时而巧为之策，积帑至累万金。”此处的“相时”就是指捕捉商机，这在商业经营中是非常重要的。而且，含誉公由于能够“相时而巧”,所以才“积帑至累万金”。无疑,他自然会把这一商战术传授给其族人。

明朝时蒲州盐商展玉泉，“自其父时以居沧鹾为业。玉泉方龆龀岁，固已从翁游焉”。注意，“从翁游”实际上也就是展玉泉接受其父潜移默化教育的过程。重要的是，他的父亲“多画而善中”，是一位智谋超常的商人。据相关史料记载，当时在他们的经商之地长芦，由于盐场盐法的不完善，食盐外销困难，商人便大多离开长芦，迁往外地。而只有展玉泉的父亲经过深思熟虑，决定坚持在原地经营盐业，并且将具体事务托付给展玉泉。后来，当地盐法逐渐完善以后，展家获得了大笔利润，引起其他盐商的赞许和羡慕。因此，同乡盐商都非常敬佩展玉泉父亲的商战谋略，而且他们认为展父“教子不易其业，为有见也”。展父的教育带来了相应的结果，诚如明人张四维《条麓堂集》

山西平遥文庙中的一景，莘莘学子希望一举夺魁。

所描绘的那样："凡度居迁易内定于心，咄嗟间即投之，所向无或中止者，舟同运而止则先焉，货同积而贸必首焉。""经度常先众人。"字里行间透露出展玉泉在商战中的非凡气度和超常表现。据此可以推断，展玉泉早年曾经接受过他父亲对他进行的商战术教育。

明代蒲州商人王海峰，也是一位有着高超经商战术的成功人士，张四维的《条麓堂集》记载他："始亦以居货走四方，而中负隐隐与众不类……遂相地计宜，审时观变……胸中有成筹矣。人所弃我则取之，人所去我则就之。"这里的"相地计宜"、"审时观变"、"人弃我取"、"人去我就"等，都是很重要的经商术。王海峰不仅自己以之经营商业，而且"公为之指画，而缕析之利，因以丰"。此处的"指画"，即是向族人传

延伸阅读

龆龀，龆、龀均指儿童换牙，龆龀泛指童年或儿童。

授他的经商术的行为和过程。

还有明代介休范氏家族七世范毓𬱖，是一位运筹帷幄、决胜于千里之外的商界奇才。据《碑传集》中记载，其族人为他撰写的墓表中有这样一段文字：“亲族内外借府君（指范毓𬱖）衣食者数十百，府君一见，悉知其人才具短长敏钝，程才而授之事，事无不举。燕楚交广诸大都会，多所置办，从府君口授指画，虽身其地弗能察虚实，数千里外无遁情。”这里，“才具短长敏钝”，是指其族人各有不同特点；“程才而授之事”，就是在教育过程中因人而异；“口授指画”，是描述传授商战术的情形。可见，范毓宾在向其族人传授经商战略、战术的过程中，还能做到因材施教。

《条麓堂集》书影

张四维的《条麓堂集》记载蒲州商人张四教：“年仅十六即服贾远游……所经纪废居，咸出人意。”“识量亦宏远，综计精确，不屑屑较锱铢，每牟羡于人所不取。”他之所以在商界有如此出色的表现，是因为他“从先君居业沧瀛间”，而他的父亲张允龄又是一位颇有谋略的商人。所以张四教“治业滋久，谙于东方鹾利源委、分布、调度，具有操纵”。据此也可以推断，张四教的经商才能得益于他父亲的指教。

第三节 应试的科举之术

富裕起来的晋商并不都希望子辈继承父业，他们深知经商的艰难，商人的地位低微。所以，希望子侄读圣贤、中科举、为仕宦成为他们最美好的愿望。因此，学习科举应试之术自然成为晋商家族教育的题中应有之义。

关键词：应试 科名

晋商无论是向子弟授之以传统经史，还是教子弟经世致用之学，其主要目的都在于使子弟具备基本的伦理道德规范，并掌握一定的经商之术，以在前人的基础上持盈保泰。所以，应当说，晋商对子孙后代的教育具有极强的商业指向性，这是明清时期晋商家族教育的一个显著特点。但是，在明清时期，“学而优则仕”几乎是所有人的梦想，晋商自然也摆脱不了这一点。正如现代学者王先明在其《乡土中国——晋中大院》一书中所言：“地域社会结构和社会风尚的独特性，最终还是要消融在巨大的传统社会结构中。明清时期晋中社会阶层虽然以‘商’为流动的中心，但富裕起来的晋商家族却渴望向‘仕’的流动，商人家族的人生走向选择相当程度上会再次指向科举仕途。”因此，在晋商对其族人所实施的教育当中，“治举业”也是其中的一个组成部分。

一、延师教授 出资鼓励

洪洞商家王氏家谱中就曾记载：“初，赵邑张鸣九先生之馆于吾家也。先生性谨逊，训余叔侄辈以举子业。”在其家谱的“廪膳生员戬穀公墓表”中，又写道：“幼学举子业，博极群书，其文章渊博，好古能诗……十四入郡庠，多次参加科试，屡占前茅。”从上面两则材料来看，王氏家族确实有对子弟进行应科举的教育活动，并且取得了一定的成效。太谷北贾村的富商侯培余，精明练达，颇有才干。为了培养后代，继承祖业，他曾于道光七年（1827）

山西平遥文庙的一个牌匾，大清同治元年（1862）平遥县学众贡生同敬，崇儒重教之风可见一斑。

在本村开设教馆，延聘当时山西著名的理学家徐润第（人称广轩先生）为教席，教授其季弟绍先等治举业。

五台商家徐氏家族的东冶公，其族谱记载他：“幼颖悟，笃于学，入津，后治举业勤甚。乾隆丙子，同里谢元晖中式，报马驰过门外，其父叹曰，用功者，乃获隽耳。公感愤，次日立课程，署四书题数百，各做小卷，置箧中，凌晨起，燃香一炷，拈一题，略构思，即落笔，香尽而稿未成即焚之。初不能成，既而成，既而有研练，暇乃截香令短，脱稿后，背抄五经、三传、周礼、仪礼，已乃诵所选时文。”这段文字给我们刻画了一个商家子弟为应科举考试而苦读的形象。

嘉庆《灵石县志》记载，灵石王氏家族的王中立，曾经“出赀三百金交支户中生息，为族中士子乡会试之费，以鼓励士气”。即拿出一部分资金生息，以此资助族人参加科举考试。更为突出的是，为了鼓励族人求取功名，有的晋商还在其家谱中制定了对考试中式者的奖励条规。太谷商家武氏家族的家谱中，其规训之一就是“重科名”，其内容是：“此后有登贤者赠银一百，两捷南宫者二百两，公车五十两，推而广之。秀才为科名之基。入泮者赠银三十两，补廪二十两，乡试十两，岁、科两试各五两，童生院试、府试，每次三两，县试一两。”其规定之详，透露出他们对子孙后代科举成名的拳拳之心。

二、巨商望族 科举连第

在对子弟进行科举教育方面，晋商中有两个大家族的史料保存较为完整，这就是榆次常氏家族和代州商家冯氏家族。常氏家族历来都是“世兼儒贾为业”，按《常氏家乘》所记，从咸丰到光绪（1851~1908）的半个多世纪中，常家子弟先后考取进士、举人、拔贡、秀才和成为监生、贡生者达 176 人，其中入仕者 132 人。考取功名的人数占常家当时从十三世至十六世约 260 人中的三分之二以上，这在晋商大族中是远非其他家族可比的。另外，代州著名商家冯氏家族，从四世冯文泉开始，代代都有科举及第者，可见其对入仕抱有不倦的热情。

还有祁县乔家的保元堂，其子孙多是举子出身，又曾涉足官场。祁县渠氏家族的渠本翘，于光绪十一年（1887）中举，为山西乡试第一名解元，四年以后渠本翘又会试连捷，中了进士，敕任内阁中书，后又以外务部司员身份东渡日本，任驻横滨领事。这在山西商界子弟中算得上是出类拔萃的人物了。

关于晋商重视其族人科举应试求功名的现象，刘文炳在《徐沟县志》中的两则材料也可以作为一个旁证。一则是：“耕读虽不限于富者，而察前清之儒学生员，其少时多为温饱之家。就宗谱所稽，乾嘉最富之时，亦为科名联翩之时。” 另一则是：“县人在乾嘉之间，比户给足，健羡科名。富家延师教读者，期望之殷，无所

延伸阅读

中式，指科举考试合格并被录取。

捷南宫，科举时代中进士者称为“捷南宫”。

公车，科举时代称举人应试为“公车”。

补廪，明、清科举制度，生员经岁、科两试成绩优秀者，增生可依次升廪生，谓之“补廪”。

解元，唐制，凡参加进士考试皆由地方解送入试，于是称乡试第一名为“解元”。

不至。甚有延名进士、举人及诸生之能文者于家，专以四书五经，按章次第拟题，为文十百千篇，备子弟携于场屋，冀获遇合，谓之‘箱子’。有名‘箱子’，价值甚昂。”此处所说的“温饱之家”和“富家”，无疑是包含巨商大族在内的。

延伸阅读

场屋，此指科举考试的场所。

晋商家族为什么会对其族中子弟进行科举教育？从其必要性来看，在当时的社会，业儒是取得功名官职的正统道路，而走上官途以后，无论是对于家族的商业发展还是社会地位的提高，都是大有好处的。今人王亚南在其文集中曾说：“中国人传统地把做官看得重要，我们有理由说是由于儒家的伦理学说教了我们一套修齐治平的大道理，我们还有理由说是由于实行科举制而鼓励我们‘学以干禄’，热衷于仕途。但更基本的理由，却是长期的官僚政治给予了做官的人、准备做官的人乃至从官场退出的人以种种社会经济的实利。或种种虽无明文规定，但却十分实在的特权。那些实利或特权，从消极意义上说是保护财产，而从积极意义上说，则是增大财产。”这段话可以作为晋商重视对其子弟进行科举教育的旁证。从其可能性上来讲，宋以后，特别是明清时期，商人子弟更有财力读书进学，更有机会科举仕进。所以晋商便花费不少心思和财力，以供族人子弟读书。当然，科举教育应当不是晋商对子弟教育的主要内容，但是，科举应试之术也确在晋商家族教育内容之列，这是不容否定的历史事实。

在当时的历史背景之下，晋商虽然也有重

山西平遥文庙明伦堂前龙门雕刻精美，寓意学子跃龙门。

山西遥文庙里的这幅砖雕形象地展示了“鱼跃龙门”的寓意。

科举的现象，但有趣的是，他们又有其矛盾的一面。据《常氏家乘》记载，榆次常氏家族的十三世常立教，就曾劝导其族人说，如今正是以帖括取士之时，因此学习科举应试之术是不得不做的事情。然而要是从经济长远考虑的话，终究还是应该以有用之学作为当务之急。这一规劝在体现常立教强调经世致用之学的同时，也透露出他对应科举的无奈之情。祁县渠氏家族的渠本翘在中山西乡试解元时，他的父亲渠源祯曾为此感到欣慰，认为商家子弟一样是仕儒根基，也算为商家争了口气。但是，在渠本翘后来中进士入内阁为官时，渠源祯则大不以为然，并不觉得有多大荣耀，倒是担心凝聚了他毕生心血的事业会后继无人，所以便出现了“当街下跪迎接儿子回家”的尴尬局面。这些史料又向世人传递着晋商家族对科举教育所怀有的复杂心态。

第五章

家塾书院　量材施教

富裕起来的晋商，大多都希望后代饱读诗书，出类拔萃，高人一等。于是他们投入大量的资财设家塾、建书院，力图创造良好的教育场所，即使在建宅设院中也没有忘记营造教育气息。加之晋商对其子弟“量其资材而教”，晋商妇女更是对子孙教育严厉有加，使得晋商的家族教育取得了“以商养教、以教推商”的良好效果，这些也成为明清时期晋商家族教育的鲜明特点。

第一节　多样的家教形式

晋商家族对子侄的教育是通过什么样的形式来完成的？概括地说有两种形式。一是设立专门的教育机构，这种教育机构不是由政府或社会出面设立的，而是家族自己设立的，主要有家塾、族塾，相对高一级的就是家族设立的书院。二是通过生活环境营造教育氛围，潜移默化地教育子侄，也就是在大院的建筑中，尽量加入教育的内容，主要借助楹联匾额、雕刻壁画来实现这种意图。

关键词：家塾　书院　楹联　匾额

明清时期，山西的不少富商巨贾家族在自己家中设有家塾、族塾甚至书院，以便专门对子弟进行教育。

这里需要说明的是，无论是家谱、宗谱这些原始的资料，还是后来学者的研究成果中，在谈到晋商家族内部的教育时，所涉及的家塾、族塾、学校、书房、书院等等，都重在强调晋商家族教育子弟有比较独立的场所或专门的机构。无论名称怎么叫，其实质上没有太大的差别。从教育的角度而言，只有程度的不同而已。即，初级的教育形式是家塾、族塾等学塾，稍高一级的教育形式则是书院。

一、家塾族塾　启蒙之地

明代张四维的《条麓堂集》中记载其弟张四象时说：“时先考方服勤四方，余兄弟咸在塾。”既然张四维兄弟从小就在塾中接受教育，那张氏家族设有家塾是很肯定的了。

洪洞商家李氏家族的宗谱中，多处可见其族人设立家塾的记载。族人李克明：“立家塾，训子孙，烝烝未已。”族人李畹香：“立家塾，延师课子孙读。”族人李命公：“置田产，立学校，勖子侄辈循循礼法。”诸如此类的材料，充分表明李氏家族在当时设立家塾的事实。而且，由于设立了教育机构，其子

山西灵石王家大院“养正书塾”牌匾，书塾是王家凝瑞居的启蒙书房。

侄辈都能够循理守法。

五台商家徐氏家族的族人徐品望，是徐氏家业的开创者。在《五台徐氏本支叙传》中记载他说：“公以幼贫，读书未卒业……尝自恨失学，设家塾，延名师，教本支子弟。”这段话告诉我们，徐品望自己曾因家贫而失学，所以经商致富后，就设立家塾以教育子弟。

代州商家冯氏家族的族人冯季修，早年因为家贫而服贾京都，期间，一直坚持学儒读经，《代州冯氏族谱》中记载他：“晚年，以其余创设学校，教族中子弟。”以便冯家后人能够受到专门的教育。

榆次常氏家族的族人常承祖，其家乘记载说：“立家塾，督课其子侄。”其另一族人常光祖：“以长幼不齐，延师分为两塾，使幼者读一处，稍长者读一处。”可见，常家不仅办有家塾，而且还分为不同级别。

祁县乔氏家族对待子弟的教育，都是以家塾形式延师就读。民国以前，是由族中的长者来任教。从乔家五世乔映霞开始，将财富投向对于子弟的教育上，扩大了家塾规模，并取《礼记·中庸》中“有弗学，学之弗能，弗措也”之义，定名“弗措学校”。至今我们在乔家大院仍能看到几处教读的痕迹，如“百年树人”、“读书滋味长”等门额。还有太谷北贾村商家侯氏家族，曾经聘请山西当时的名儒徐润第为家馆的老师。灵石静升王家设有本家稚童学习的养正书塾，等等。这些资料足以说明乔家、侯家、王家在当时都是设有教育子弟的专门机构的。

在太原商家王氏家族的族谱中，有一则“家塾记”，其具体内容清楚地描绘了晋商家族中学塾教育的实际情形。

王氏家塾记

尝考大戴礼学记一篇，家有塾先于党庠州序。盖古者二十五家为闾，闾同一巷，巷有门，门有两塾。上老坐于右塾，为右师；庶老坐于左塾，为左师。出入则里胥坐右塾，邻长坐左塾。新谷已入，余子皆入学，距冬至四十五日始出学，此家塾之名所自昉也。昔先师之言曰，弟子入则孝，出则悌，行有余力，则以学文。盖将令童而习之，耳濡目染，渐渍于不自知，则教化之原本，风俗之枢机，未有不基于此矣。我先祖槐亭公慨然有见于此，尝欲规古义之学制，并为王氏家塾延师课业，岁时给其修补，以教族中无力读书者。嗣以经费不敷，未及举行，赍志以没。洎吾父令洛阳时，亦常举此意以相训勉。后因余远宦边陲，薄书鞅掌，未暇议及先人之意。卒，未尝一日忘诸怀也。致仕后，亟以千金存贮族中殷实者，出息为膏火，资肄业者。定以十人为率，过则另为延师，执经问难，岁以为常。迄今凡五阅春秋矣，未尝不乐。槐亭公之志有成，而足为族党式也。予窃惟我王氏自元季迄今，凡五百余载，有明中叶以来，人文之盛推于吴下，恂恂好学之士随时间出，予尤愿入斯塾者循名责实，砥砺身行，以祈至于古人，庶无负立塾之初意也。夫因撮其梗概而为之记云。

以上材料表明，鉴于对子弟教育的重视，王家几代人都致力于设立家塾，并且将“千金存贮族中殷实者，出息为膏火”，以便“资肄业者”。可见，当时的王家对其家塾经费实行的是商业化的经营管理。同时，王家还为子弟聘请塾师，“执经问难，岁以为常”。这样坚持数年，以致王氏家族自明中叶以来，“人文之盛推于吴下，恂恂好学之士随时间出”。这虽然只是王氏一个家族的塾学情形，但据此，我们可以了解到明清时期晋商家族学塾的一些基本信息。

至于晋商家族学塾的实际办学情况，我们选取两个典型来做进一步的说明。

（一）富有特色的曹氏家塾

太谷曹家很重视课子读书，早在乾隆初年，曹氏家族的家业兴起以后，十六世曹兆远就设立专馆家塾，专门教授曹氏子孙。

曹氏家塾的设立起因于曹三喜创业时因没文化而打官司吃亏之事，这件事对曹家触动很大，所以，当家境好转后，他们便要求子孙读书明理。最初是把子弟送进私塾读书，后来就为子弟专门设立家塾。

在明清时期晋商各大家族所办的学塾中，曹氏家塾的最大特色在于，其前后期办学的目的不同，因而呈现出不同的办学风格。

1. 前期宗旨——读书明理

因为没有文化而在打官司上吃亏，这一特殊的背景和起因决定了曹氏家塾办学的方向。他们最初的目的也仅为读书明理，继承并擘画商业，而不在于学儒入仕。因为在他们看来，进入官场不仅风险迭出，而且徒有虚名，不如经商来得实惠。因此，曹氏家塾在设立初期，无论教学内容、塾师选择以

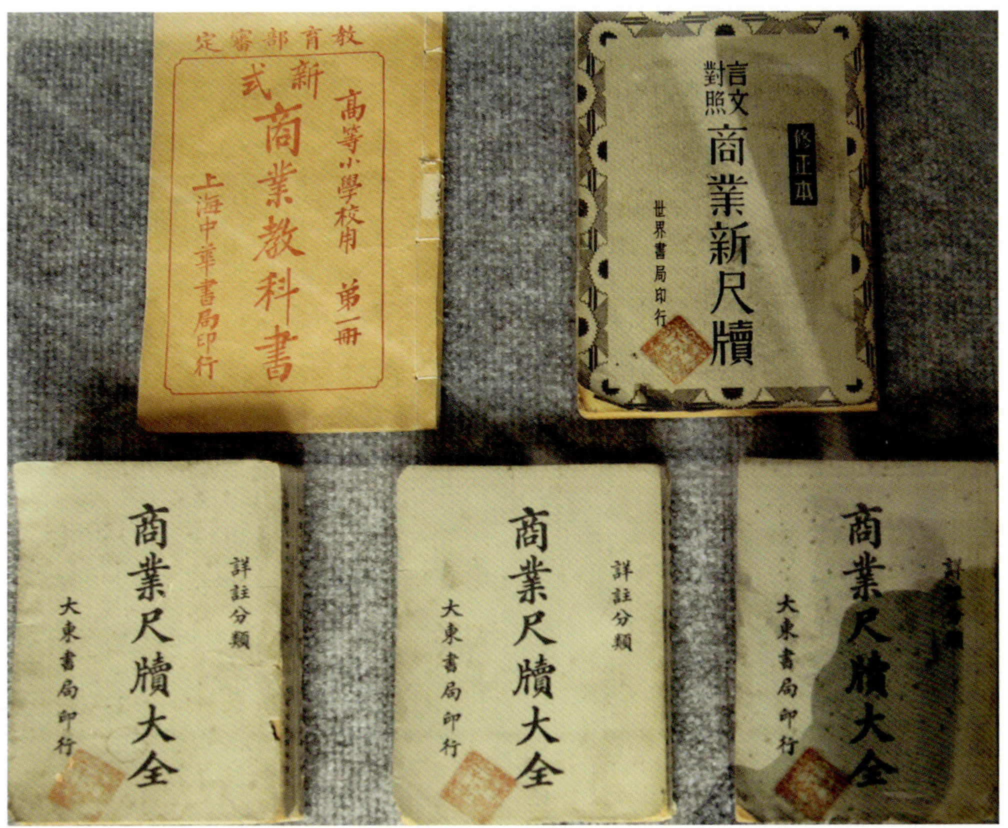

《商业尺牍大全》之类的图书是晋商从商的必读书。

及鼓励措施等等，都与县学、书院和城乡私塾有很大的不同。

首先在课程设置方面，同全国各地的官学教育一样，明清时期，山西太谷的县学和书院也主要是儒学教育的场所，县学“日以三纲八目为径路，四端五典为基址，经史子集为户牖，周程张朱为阶梯”，书院“专授经史古文”，“专攻作文、作诗”。而当时的曹氏家塾作为私学性质的教育机构，它的教学内容是明显有别于县学和书院的。在科目设置上，概不以三纲五常、经书子史为内容，而专门传授启蒙读本、幼学丛书和经商知识。具体地说，当时曹氏家塾的课程可以分为三个阶段或程度：孩童刚入塾，先以《三字经》《百家姓》《千字文》启蒙，使他们先在识字方面有一定的基础。在此基础上，再教给他们《小学》《幼学》《颜氏家训》《孝经》《治家格言》等，让他们学习和掌握儒家的道德伦理和为人处世的基本规范。等孩子长到一定的年龄，就对他们进行更高深的道德规范教育和从事商业活动所需要的知识、技能的培养，向他们传授《论语》《商业尺牍》《管子·轻重》《算经十书》等等，同时加练“写仿”、“珠算”、“家书”等内容，进行简单的书算教育。有时老先生们还会把自己一生的从商经验总结归纳成册，供学生阅读。我们从这些内容可以看出，曹氏家塾在对子弟教育时，除了让他们具备立身于当时社会所需要的基本伦理道德规范以外，子弟的功课中尤以珠算、家书、账目为主，主要是培养子弟从商的知识和具体能力。

其次，在塾师的聘用上，曹氏家塾在初设的五十余年间，所聘塾师并不是当时社会上的名师巨儒，而大多数是曹氏原商号中的大掌柜、二掌柜、账房先生等资深年长的掌柜们。在曹氏族长们看来，这些人能写会画，能打会算，并且社会经验、商业经验都相当丰富，是最值得信任的人。把子孙托付于他们培养，是最放心的，而作为老伙友的塾师自然也会竭尽全力。所以他们成为曹氏家族教育的最佳人选，可见曹氏家族注重对子弟经商实践经验的传授。

此外，为督促子孙读书，还选择聪颖、忠厚、勤奋的佣人及伙友子弟来伴读。对伴读儿童，曹家供给膳食、衣物及一切学习用具。伴读措施不仅有效地提高了其子弟读书的积极性，同时也为穷人子弟成才创造了条件。如一位伙友的儿子冯选，就是通过做曹氏家族伴读童而中举的。

2. 后期目的——学儒入仕

随着曹氏家族商业经营范围的不断扩大，曹氏族人眼界大开，思想也随之开放。加之在商业经营中，不断受到来自社会的层层盘剥及阻挠，曹氏财东不得不卑躬屈膝利用各种人际关系用重金去疏通、联络、打通关节，但往往是事办成了，挣钱的先机已为别人所占。所以曹氏财东逐渐认识到“做官”的重要性。为此，在嘉庆以后，曹氏对家塾实行改革，所授课目、塾师的选聘以及加强伴读等几个方面都有新的变化。

所选科目与县学、儒学逐步接轨。除以最初的《三字经》《百家姓》《千字文》等启蒙书为教材未变外，又加进了四书、五经等。其他如《性理大全》《律诗》《策论》《资治通鉴》《三朝宝训》《明史》《圣谕广训》《钦依刊刻卧碑》《驳吕留良四书讲义》等也在阅读范围。

塾师的选聘，从初期的以“退役雇员”为主，过渡到选择有名望的社会名士及退隐官宦，再到民国初年的大学生。其中有记载可考的塾师有：定襄名士樊仙枝，著有《读易入门》；忻州名士孔中翰，著有《仪礼选要》。道光初年，曹士英曾将这两本书合编成册，藏于书馆供子弟们阅读。道光二十年（1840）后，曾任广西新宁知州、国子监助教、钦差户部仓监督的庚子科顺天举人崔炳文在曹氏书馆任教。光绪年间又有李毓棠（字郁齐）和敕授文林郎拣选知县、己酉科举人张惠先后在曹氏书馆任教。光绪十八年（1892）后，有赐进士出身、诰授奉直大夫、钦加同知衔、赏戴花翎河南桐柏县知县、署项城县知县、翰林院庶吉士祁县高锡华任教。宣统二年（1910）后有文水贡生乔汝衡、张鉴平任教。民国初年，山西大学毕业、文水人苏尚定，专门教授英文。太谷郭家堡人武麟祥（字云亭）等人都在曹氏书馆任过家塾教师。这些塾师待遇优厚，每年束脩都在白银一百两以上，而且在书房院设专厨供食。曹氏财东们都非常尊重他们，经常与他们同桌进餐，一同说古道今，谈书论画，甚至预嘱他们撰写墓志铭。

伴读措施也进一步加强。伴读者不仅限于佣人伙友子弟，还扩大到社会上的一些学生，如道光初年即有本县人侯仁民在曹氏书馆伴读，侯仁民于道光四年（1824）来伴读，次年选拔贡。民国初期有伴读学生 13 人。

书塾教育提高了商业家族成员的文化水平和道德修养，促使其子弟走上科举仕途之路。

曹氏家族的学塾教育，是随着当时形势的变化和族人思想的开放而不断改革的。由于这些相应的变化，有效地提高了家族成员的文化水平和道德修养，其子弟或走上科举仕途之路，或为家族商业的发展助一臂之力，给曹氏家族带来了较好的影响。

（二）颇具成效的常氏家塾

明清时期，在晋商各家族所办的学塾当中，常氏家塾以数量之多、受教人数之广、影响之大而著称。

榆次常氏家族，在清代嘉庆、道光年间开始兴旺发达以后，从晚清咸丰、同治开始，注重兴办家学，坚持了八十余年。据《晋中教育志》记载，光绪年间，六十多个常氏家庭，除家家都有单独的书院或书房供子弟专心读书外，门门都设置家塾，整个家族的私塾多达 17 所，远远多于晋中晋商的其他各家。又据《榆次教育志》记载，光绪年间，常氏所办的私塾，是利用宗族公产设立的，专教本族本姓的子弟，所以实际上是族塾性质的。

常氏家塾的学生，从六七岁到十多岁为主，甚至还有二十岁以上的，没有统一的学制和年限。由于塾中学生年龄和基础差异较大，所以采取的是一种复式教学的组织形式。

特别值得一提的是，常氏家族的长辈在为子弟选择教学内容时，既注重传统的经史典籍，又兼顾经世的实用之学，并且肯花费财力礼遇塾师，因此，常氏家塾的教育取得了较为显著的成效。

1. 传统经史，近代实学

与曹氏家族的学塾相同的是，常氏家族学塾举办的前后期，其教学内容也有一个发展变化的过程。具体地说，经历了一个由儒家经典到诸子百家、由传统经史到近代实学的转变过程。

常家前期的家塾教授的是旧学，塾中学生学习的内容主要是识字、写字、读书和作文。识字和读书从《三字经》《百家姓》《千字文》《幼学故事琼林》《千家诗》和朱子《小学》开始，兼学珠算、尺牍、四言杂字和一些应用文，然后读四书。塾师除教书外，还以儒家的伦理道德观念规范学生的言行举止。

到清咸丰、同治、光绪年间，由于外部环境的变化，有的族中子弟已经有厌倦的情绪，他们眼前的现实与“经世致用”的儒学形成强烈反差，他们感到困惑。由于这些原因，再加上族中有些子弟个人情趣的因素，他们有点离经叛道了。有的开始对易学、堪舆发生兴趣（如常立经），有的开始学习天文、兵学（如常立教），有的专攻金石碑刻、钻研书法（如常立方），有的干脆在菜地和花园里莳花种草，搞起了植物学……十三世常立教最早接受了新思想、新学问，因此他经常提醒族中晚辈要“以有用之学为亟”，并且亲自给晚辈们选择有实用价值的书以供他们阅读。

2. 礼遇塾师，效果明显

根据相关史料记载，常家对塾师非常重视，他们舍得用优厚的报酬，选聘有名的举人、拔贡到家授课。除对塾师敬重礼遇外，还经常利用塾师闲暇时间主动了解子弟的修业情况。曾经长期在常家馆于西席的太原举人郝荫榕就每晚被约，与锦和堂的掌门人常寿“促膝而谈，如此数年”，因此，“一时馆于君家者，皆名士”。据常赞春等人纂修的《常氏家乘》记载，郝荫榕因此而感慨地说：“魏榆素封之家，不一而足，而以读书为急务者，为常氏。”此处的“素封之家”，是指虽无官爵封邑但实际上与封君同等富有的人家，也就是说，在举人郝荫榕看来，榆次当时的商贾家族很多，但最重视教育的当数车辋常氏。

常氏家族由于学塾数量多，教学内容能做相应的调整，而且重视塾师的作用，使得更多的常家后人得以接受一定程度的教育，并取得了较为理想的效果。据《常氏家乘》记载，常氏家族最早从八世常吉，九世常万意、常万立开始就入学进邑。从十二世开始，族中子弟都上过私塾。据不完全统计，常家从十三世到十五世，先后入家塾读书的约有一百多人，经过学习成了贡生的有五十人，其中以优异成绩补廪的十多人。十三世常立纪考选拔贡，常立教经乡试中第 53 名举人；到十四世，常麟书、常第春、常赞春、常旭春、常麟图 5 人乡试中举，常麟书中式第 51 名举人后，又考取三甲第 87 名进士，真可谓人才辈出。

从以上曹氏家塾和常氏家塾的具体情况来看，当时晋商家族确实非常重视利用学塾的形式对子弟进行教育，而且，注重教学内容的调整变化及对塾师的聘用。因此，其学塾教育都取得了较为理想的效果。

二、书院教育 培养提升

明清时期，巨商大贾之家自设书院，成为家族教育中的重要组成部分。晋商也是如此。这里需要说明的是，晋商在其家族内部所设置的书院，不同于当时社会上有一定的组织管理制度的书院，它只是作为晋商家族教育中比学塾稍高一级的场所，主要供晋商家族长辈及其子弟讲学研讨、读书求学，也兼有藏书的功能。

（一）灵石静升的桂馨书院

我们从有关的史料中可以看出，灵石静升王家的子弟接受教育是分为不同阶段的：童稚时期，先在养正书塾接受启蒙教育；少年时期，又到三元书馆读书学习。在此基础上，才集中到桂馨书院进一步深造。显然，王氏家族的桂馨书院，是专供王家成年人藏书读书、写字做文章的地方，也是王家子

桂馨书院为山西灵石王家大院的高级书斋，分前、中、后三个院，从前院到后院所经三组台阶，象征连升三级，寓意刻苦读书期盼金榜题名。

孙读书讲学、养性修身的场所，更是王家子弟求取功名的地方。王家书院题名“桂馨”二字，寓意王氏家族的书卷气和文化味有如丹桂馨香，这正是王家长辈对子弟成才的一种期待。在桂馨书院内，现存被乡人称之为“石书”的 12 块 24 面书法石刻，是王氏家族十五世王梦鹏的笔墨遗存。桂馨书院正窑廊柱上有一副木刻楹联：“万卷诗书四时苦读一朝悟，十年寒窗三鼓灯火五更明。”营造了一方“两耳不闻窗外事，一心只读圣贤书”的天地。又一副木刻楹联道：“河山平对远，图史散纵横。”更显王家族人非凡的气度和桂馨书院凝重的文气。

（二）榆次常氏的石芸轩书院

榆次常家书院是典型的家族式书院，由中间的石芸轩大书院、东边的私塾院和西边的约斋书院三组院落组成。

石芸轩书院因珍藏稀世珍品——石芸轩法帖而得名。它分为前后两院，在其前院东西廊的南北两端各建有风格体量相同的四个重檐小亭，分别以《论语》中的“德有邻”、“志于道”、“学而思”、“思无邪”命名，乃琴、棋、书、画亭。其后院则是往昔常氏供族中子弟研读之处，正楼为书院藏书楼，名曰“听雨楼”，展示常氏历代书画作品。书院门壁石刻王羲之“学”、“海”二字。门额上书“石芸轩”三个隶体大字，为常氏书法家、碑帖收藏家常立书亲书。

大书院东面的私塾院，为常氏当年 17 所私塾中的一所。

大书院西面的约斋书院，是常家养和堂十四世主人、常氏最高学位获得

山西榆次常家庄园石云轩书院门壁石刻王羲之“学”、“海”二字。

者——常麟书进士的小书院。常麟书字约斋，故名“约斋书院”。书院清雅，环境优美，有正房四间、西房三间。正房用于主人会客、小憩，西房即读书吟诗作画之处。常麟书著作等身，许多书稿即在此书院中完成。

碑廊构成了石芸轩书院的主体，收藏展示着四部大型珍贵碑帖，即前院正廊的《石芸轩法帖》、东廊的《听雨楼法帖》、西廊的《常氏遗墨帖》和后院南廊的《四十四帝后御碑帖》。常家大院里的书院清雅秀丽，向世人展示着常家大院里浓厚的诗书传家的风尚。常家不只经商有道，而且文风亦盛。

常家书院中特别值得一提的是“黑瓦关帝庙书院”。光绪二十四年(1898)，常麟书为“扩学识、增阅历、济时艰”，将族中弟侄二十余人迁往太原，在黑瓦关帝庙租赁房屋，集体居住，由他利用夜间亲自授课。常麟书在这里向子侄们不仅讲授经史，同时也向他们灌输康有为、梁启超的变法维新思想，使子侄们既能提高学识水平，又能了解外部世界。由于常麟书的博学善教，子侄们提高很快，不少人参加晋阳书院或令德堂书院考试，成绩斐然。光绪二十八年（1902），山、陕两省学子会试，从黑瓦关帝庙赶赴西安应考的常赞春、常旭春、常麟图兄弟三人同榜中举，“黑瓦关帝庙”一时名声大噪，吸引了不少学子前来附读。

（三）太谷北洸的曹家书院

太谷曹氏家族的曹家书院建于乾隆二十年（1755），差不多每个堂门下都设有书院。当时，曹家将戏剧的社会教化与书院的家族教化融为一体，共同构成教养子弟的一方天地。按照其祖训所立的规矩，他们坚持“以商办学”的宗旨，对子孙进行独特的人生教育和从业教养。

可见，书院确实是明清时期晋商家族教育的一种有效形式。正如王先明教授在他的《乡土中国——晋中大院》中所说的那样：“晋中大院里的书院和书院里子弟们的活动，既重托着家族未来的前程，也构成深宅大院里社会生活的重要内容。富豪的家园是祖宗的创造，宁静的书院是家族未来的希望。走进晋中大院，常常能从宏阔优雅的书院里，感受到许多商人家族对于子孙读书受教的物质与精神的巨大付出，同时，也能从其家族演变轨迹中，感受到家族教育惠泽子孙的久远意义。”

三、庭院环境 耳濡目染

和大多数商人一样，晋商在富裕之后，也大兴土木，建造自己的深宅大院。在彰显富贵的同时，他们期望自己的后代子孙能扩张财富、仕途光明，于是在大院的楹联匾额、雕刻壁画中，处处渗透虔诚祈愿和美好祝福。从另一种视角看，这些内容同时饱含着丰富的教育意义。

漫步晋商大院，在观赏精美的建筑佳品的同时，你会发现，在所有的建筑物上，都无一例外地布满了楹联匾额和雕刻壁画。再仔细品读其文字内容，不禁使人感叹其教育的功效。

（一）楹联匾额，彰显教理

步入晋商遗留的各大庭院，楹联匾额随处可见。楹联和门额是富贵人家用来标榜风雅的工具，将吉祥语刻在门端，首先是为了彰显宅第主人的文化品位。与此同时，它对后世子弟也能起到一定的教育作用。被誉为民俗文化旅游胜地的祁县乔家大院，被人称作“渠半城”的渠家大院，以“多子、多福、

山西灵石王家大院的门楣上雕有书卷、棋谱等象征文化教育的图案。

山西灵石王家大院石雕墙基石“乳姑奉亲”图，对后辈进行伦理规范和孝道的教育。

多寿”为堂名的太谷曹家“三多堂”宅院，号称北方民间故宫的灵石王家大院，规模宏大的清代北方民居建筑群的常家庄园，其中的楹联匾额，异彩纷呈，雅俗共赏，内涵厚重，意味深长。这些楹联，或连带一个典故，或阐明一个哲理，或写出一片心境，无疑对后人有所教益。如果徜徉于这些晋商大院中，观摩其镌刻满墙的楹联匾额、圣训经义，仿佛置身书香世家，使人在感叹晋商非凡的同时，也见证了晋商子弟成长的人文环境之一面。

教育子弟应当具备一系列优秀的道德品质，诸如为善积德、勤奋、勤俭、尊老爱幼、忍让，等等。主要有：“守东平王格言不外为善二字，遵司马公家训只在积德一端”；“受荫祖先须善言善行善德，造福子孙在勤学勤俭勤劳”；“勤治生俭养德四时足用，忠持己恕及物终身可行”；“先祖先贤成由勤俭败由奢岂敢相忘，后世后学幼当教养老当敬首在言行”；“创业维艰祖辈备尝辛苦，守成不易子孙宜戒奢华”；“世事如棋让一步不为亏我，心田似海集百川方见容人”；“寡欲清心能吃苦方为志士，宽宏大量肯吃亏不是痴人”；“善行孝义不欺天不欺人不欺自己，无忘仁慈须顾礼须顾信须顾先德”；“忍而和齐家善策，勤与俭创业良图”；“静以修身，俭以养德；入则笃行，出则友贤”。

晋商大院还充满了鼓励后人读书修身、建议子弟要以儒家经典为学习主要内容的楹联。比如：“读书即未成名毕竟人高品雅，修德不期获报自然梦稳心安”；“礼义传家宝，诗书裕后珍”；“读孔孟议颜曾学而不厌，诵诗书析礼易温故知新”；“半部论语治天下慨乎昔日，千般圣言传世间怡然今朝”；“颜子四勿孟子四端君子修身树德务本，圣人三省贤人三鉴庶人向善从义敦行”；“至圣乃布衣却修齐治平所师天子王侯所敬，经史如常卷然上下古今多鉴鄙夫志士多依”。

另外，还有鼓励子弟要刻苦努力、勤奋学习的楹联。比如：“万卷诗书四时苦读一朝悟，十年寒窗三鼓灯火五更明”；“勤能补拙课子课孙先课己，学可医愚成仙成佛先成人”；“青灯一盏文章铺锦绣，苦心几番诗词发春华”。

在晋商大院的匾额上，题额内容多为含义吉祥、劝勉或陶冶之词，多数也流露着对子弟的教育之情。比如，祁县渠家五进院的每一扇门额上，都刻写着修身养性的警言佳句，如“乐天伦”、“德星朗耀”、“学吃亏”、“善为宝”、“慎俭德”、“读书乐”等等。这其中既有做人处事的要诀，又有读书修身的提示。又如，静升王家大院红门堡建筑群的匾额，“师吾俭”、“乐循礼”、“绵世德”、“息游藏修”、“澡身浴德”、“敦孝崇义”、“仁礼传芳”、“慎终如始”等等，其总数多达百余块，多出自《诗经》《易经》《尚书》等典籍，可谓无一字无来历，无一字无典出，多是对子弟读书修身的一种鼓励。又如，现存乔家大院的悬匾、楹联中诸如“慎俭德”、“书田历世”、“读书滋味长”、“为善最乐”、“居之安”、“梯云筛月”、“诒多福”、“建乃家”、“静观轩”等等，既反映了乔家重学重教、重视传统文化道德培养的风气，也是对乔家后人的一种鼓励和教育。

（二）雕刻壁画，饱含寓意

作为一种审美艺术的雕刻和壁画，是富商宅院建筑中的一大亮点。这些独具匠心的装饰艺术，既是一幅美丽的画卷，更是一部道德说教书。它们在彰显富商巨贾财富的同时，也对大院子弟产生着潜移默化的教育影响。比如灵石王氏家族的书院之门的两侧青石面上镌刻青竹数枝，其寓意就是要告诫本族子弟，从识字开始到读书成才的全过程中应当具备竹的品性：“未出土时已有节，到凌云处尚虚心。”在王家长辈们看来，生活在深宅大院中的王氏子弟虽然正在接受启蒙教育而尚未出师或者成才，但是做人的气节、为士的气节、民族的气节则需要从小培养，等到成人、成才、成就事业之后又不可妄自尊大，尚须谦虚谨慎戒骄戒躁。又如，“做无品官，行有品事；读百家书，成一家言”。这足以使人们深切体念到王氏家族在对子弟进行文化教育上的煞费苦心。在凝瑞居的后院，一块又一块的墙基石，一石一画，一画一典，“五子登科”、“指日高升”、“乳姑奉亲”等等，以此对后辈子孙进行伦理规范和孝道的教育。我们如果撇开其封建性的糟粕，其一般的道德教育的作用和价值还是应当肯定的。还有，王家书院前面的三组台阶寓意连升三级，期盼着子弟秀才、举人、进士步步高登；猴背猴石雕，寓意为辈辈封侯，也体现了王家人对科举功名的渴望。

在常家庄园，贵和堂大门翼角上的麒麟图雕，既象征着常氏族人对太平盛世的美好希望，更透露出他们对儒学教育的无上崇拜。堪称清代中期砖雕艺术珍品的贵和堂后楼楼栏由四组图案对称组成：一组是“福、禄、祯、祥”四个篆字；一组是“壶、鼎、鬲”等博古图案；一组是别具特色的文房四宝；一组是“梅、兰、竹、菊”四君子图。整个楼在展示常家儒、商交融的特有气派的同时，更散发着浓郁的书卷儒雅气息。 再如祁县城内的渠家大院，其书房院的门墩石础上雕有书卷，下雕两个香瓜，寓意为“书香门第”。乔家大

山西平遥文庙不起眼的一堵墙上雕着书籍等物件。

山西祁县渠家大院书房院的门墩石础上雕书卷，下雕两个香瓜，寓意为“书香门第”。

院的砖雕中有渔樵耕读、梅兰竹菊、文房四宝、琴棋书画等，其寓意也是很清楚的了。

此外，晋商还利用取名字的办法，勉励子弟应该坚守儒家道义，不断进取。祁县乔氏家族在这方面尤其突出。乔贵发生有三子：乔全德、乔全义、乔全美。乔全德生有一子，名致祥，取“长发其祥，惟有德者居之”之意，定堂名为“德星堂”。乔全义生有二子，名致中、致远，致远取“宁静而致远”之意，定堂名为“宁守堂”。乔全美本生有二子，致广、致庸，不幸致广英年早逝。乔家后代分家以后多自立堂名，乔致庸为自己起的堂名是“在中堂”，取儒家中庸学说中的“不偏不倚，执用两中”之意。他主张做人和经商都要“中规中矩”，该我得者我得，不该我取者纵有千金可取也不能妄取。用这种理念处世、为人、经商，是他教育后代要承继的家风。后来，乔映霞根据弟弟们各自的特点，为其取斋名，以示勉励，如不泥古斋、不拘今斋、昨非今是斋、不得不勉斋、自强不息斋、一日三省斋、退门补过斋、日新斋、时化斋、习勤斋等，勉励他们同心同德，刻苦奋进。并订立家规，一不准吸鸦片，二不准纳妾，三不准赌博，四不准冶游，五不准酗酒等，力求戒除富家子弟坐享荣华富贵的恶习。

无论是楹联匾额，还是雕刻壁画，它们在展示庭院环境艺术美的同时，也富含着祖辈对子孙后代的殷殷厚望，这就给晋商子弟营造了一个比较理想的成长环境。在庭院内，晋商子弟们在接受特定教育的同时，又感受着人文环境的强烈熏陶，其教育效果是不言而喻的。

第二节　鲜明的家教特点

不同国度、不同区域、不同历史时期的教育都有其特定性，晋商的家族教育在当时的时代背景下也有其鲜明的特点。从教育对象上看，对不同的子弟，他们不是千篇一律地对待，而是"量其子弟之才而教"，即因人而教。中国古代，妇女的社会地位相对低下，她们不参与、不接受教育，但是，晋商妇女在家族教育活动中却起着举足轻重的作用。从教育的运作上看，"以商养教，以教推商"成为晋商家族教育的鲜明特点。

关键词：晋商女性　量资施教

在任何时代、任何社会，家庭教育都是教育大系统的有机组成部分，在明清时期的山西也是如此。但是，由于家族具体的情况及人们价值取向的不同，即使是在同一时期、同一地区，家族教育在不同的社会集团之间又显示出一定的差异。明清时期晋商的家族教育就有其自身的特点。

一、量其资材　施以教育

晋商的家族教育超越了中国传统教育的理念，摆脱了"学而优则仕"的束缚，而主张"商与士异术同心"、"儒贾相通"的教育思想。对不同的子弟量其资才而教之，施教中强调"能读者读"、"能商者商"，这无疑是一种教育的革命。

在传统的封建社会，"学而优则仕"几乎是每一个中国人的理念。晋商自然也不例外。但是，出于承继祖业的需要，晋商形成了适合自己实际情况的独特的教育观念，即"商与士异术而同心"、"儒贾相通"。

明人李梦阳的《空同集》中，收录有"明故王文显墓志铭"一则史料，其中记载蒲州商人王文显训诫其子说："夫商与士，异术而同心。故善商者，处财货之场，而修高明之心，是故虽利而不污。善士者引先王之经，而绝货

晋商老照片

利之经，是故必名而有成。故利以义制，名以清修。各守其业，天之鉴也。如此则子孙必昌，自安而家肥富。”这样，王文显就为“儒贾相通”找到了合理的理论依据，也成为晋人从事商业贸易经营和教育子孙的指导思想。

受经济条件的限制，明清时期山西地区众多的普通人家中，为了支持一些人完成学业，必然要有人去经商，以提供经济上的保障。尤其是当时的一些多兄弟家庭，必须有人经商获利，才能供另一部分人完成学业。山西汾阳商家陈氏家族四世陈仲海，其宗谱上说他：“公为家督，独与父经营什一，策励诸弟务以经术显。”也就是说，为了让诸弟“以经术显”，陈仲海不得不随父经商。显然，陈氏兄弟是限于经济条件才有的读书有的经商。明人张四维的《条麓堂集》中，收录有“儒官王公世周暨配孺人张氏合葬墓志铭”一则史料，对儒官王世周是这样描述的：“始龆，公既鲜兄弟，且家无应门之仆……命伯

《空同集》书影

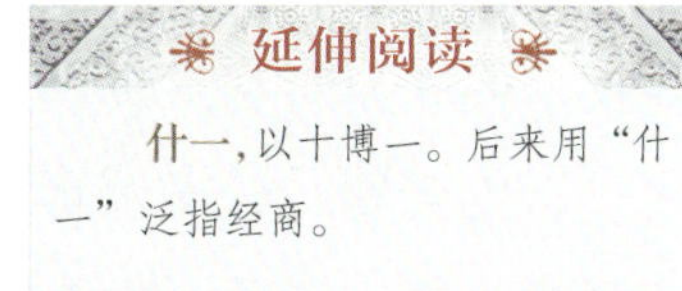

延伸阅读

什一，以十博一。后来用“什一”泛指经商。

子（即大儿子）服贾，曰：孤而无助，将门户是赖。授仲子以儒业，曰：良人有志而未成，其负荷在是也。”在这里，“孤而无助”从一个侧面反映出王氏家族的经济状况，“门户是赖”在表明父辈对其长子的希冀的同时，也道出了王公业商的无奈之情。

在“儒贾相通”观念的影响下，加之经济条件的限制，明清时期山西商人对其子弟的教育，就不一定都要求他们走科举仕途之路，而是能读者读，能商者商。

明朝初年，山西河曲县有一户姓薛的人家，始祖薛士秀，到第六代时，有薛某、薛伦、薛缨等兄弟几人。薛伦自小聪颖过人，少年时同长兄薛某一起在私塾读书。当时的私塾先生让他们背诵庄子的《鹏与斥鹌》。长兄尚未读完一句，薛伦已熟记于心。这说明薛伦不仅记忆力和理解力好，而且才思敏捷，长兄对其特别佩服，便主动要求放弃学业，继承父业，屯田耕作，以便资助薛伦继续读书。后来，其弟薛缨也弃学从商，以便资助薛伦安心读书。薛伦在兄弟们自我牺牲精神的鼓舞下，更加发奋读书，终于在隆庆二年（1568）登进士第，进入仕途。薛伦进入仕途后，虽然不能亲自打点家业，但经常为长兄和弟弟出谋划策，所以其长兄和弟弟所经营的产业规模也越来越大。

民国《灵石县志》记载静升商家王氏家族的王如琨时，写道：“出己赀延师教读。又以次甥读书质少钝，使习骑射，遂入邑武庠。甥孙五人，量才器，俾三人服贾，二人读书。”王氏家族对子弟的教育，是量其资材而各不相同。

榆次常氏家族，其子弟众多，各人的天赋、志趣、性情也不同。所以，常家对子弟的教育就不拘泥于一个模式，而是量才施教。比如，南常的常光祖共有十一个子女，《常氏家乘》上说，他按年龄将孩子们分为两塾，“使幼者读一处，稍长者读一处”，而且主张“秀者读，黠者贾，什诚者理家”。在教育过程中很好地照顾到每个人不同的差异，使常家的子弟们都获得了良好的教育。

山西灵石静升文庙影壁。

尤其值得一提的是，在洪洞商家王氏家族的族谱中，其祖训之一就规定："父子兄弟以亲爱为本，其子弟各量其才力而严教之，能读书者教之读书，能习武者教之习武，能耕商者教之耕商。慈爱中寓以严肃，万万不可姑息养奸，致令失教，贻害不浅也。"显然，王氏家族把量其子弟之才而教作为祖训之一加以规定，并以其要求族人，可见其家庭教育的适切性程度。

其实，由于山西传统文化和区域特色的影响，一般的家族教育中，注重因人而异。明代学者张四维在《条麓堂集》中有一则"历山公传"，有对历山公的一段记述："有三子，各因其才质所近而命以业。曰希夔，汝缉吾志。曰希颜、希曾，汝牵车四方以营俯仰毋，俾为儒者惟家之恤，因各以箴示之。儒箴曰，汝欲业儒，定性是庐，不岐于物，万理斯储。商箴曰，汝欲业商，勤俭是常，不自满假，永保无疆。又以列女传教诸女，曰，汝，儒家息也，当有古闺阃（指妇女居住的地方）风度。故子皆善其业。"可以看出，历山公对子弟的教育，也是各量其材的。

在李百勤的《河东出土墓志录》中，有两则史料也可以作为晋商对子弟教育各量其材的佐证。一则是嘉靖三十一年（1552）的"曹和庵墓志铭"，记载运城人曹和庵，"少事诗书，儒业未成，乃援例入成均。嘉靖庚戌（1550），授秩吏目，赞干州政”。其长子希闵“业儒”，次子希颜“业商”。另一则是崇祯二年（1629）的“刘月□墓志铭”，关于运城人刘月□的铭文中有这样的字眼：“教儿商者商，读者读。”其三子刘席民为天启“壬戌（1622）进士”。

可以推断，由于早年在家族中就接受过因材施教式的教育，这些人成年后在对其后代子孙的教育问题上，是很容易做到因人而异的。因此可以说，晋商家族教育中“量其子弟之才而教”这一特点，实际上既是晋商家族本身培养能经商的人才的需要，同时也是山西人家庭教育因材施教这一特点的继承和延续。

二、晋商妇女　不可忽视

在封建制度下的中国，普遍认为“女子无才便是德”，妇女的地位普遍低下，更不用说参与教育。但在明清时期的晋商家族教育中，晋商妇女参与教育活动、管理教育的行为却屡见不鲜。

由于商人大多在外经商，教育子女的重任自然落在晋商妇女身上。我们从晋商家族的族谱中，可以见到晋商妇女对子女教育的实际情形。山西定阳（今山西吉县）商家张氏家族的族谱中，记载任太恭人时，有这样一段话：“遗孤四龄，教育备至。纺织之旁兼课诵读，稍有懈怠，即严加呵责，不少姑息。及稍长，延名师不惜重聘，凡有文人学士益友良朋往来，必款接极丰，令其子就教。尝语其子曰，读书当明大义，重器识。”在孩子很小的时候，任太恭人就注重对他们的教育，稍长，款待文人学士，为的是能让孩子拜师请教。这段话，字里行间流露出晋商妇女对子弟教育的重视。山西代州商家冯氏家族的冯秋水，也是接受其母亲的教育而成长起来的。其族谱中说：“幼不好嬉，执父遗书，且泣且读。王夫人教以诗书，十四五，即有声闾里。”这则材料说明，冯秋水的母亲王夫人亲自教子以诗书，并且有较好的效果。冯氏家族的另一族人冯金泉之妻李孺人，“约束诸子就外傅（指离家就学于师），夕归，则篝灯佐夜读，非达丙不休”。“篝灯佐夜读”，一个“佐”字，使晋商妇人夜半陪读的形象跃然纸上。

在山西各县的县志当中，晋商妇人教育子弟的材料也随处可见。雍正《泽州府志》记载凤台县商人王永珍，贸易江南，其妻子刘氏对其子：“稍长，教读书。”光绪《解州全志》记载解州商人赵怀璧之妻杨氏，“五子皆教之读，督甚严，后相继入庠”。民国《解县志书》记载解县赵殿绩妻李氏，“侄辈经商豫省，督农课读皆氏自任。后侄孙赵琦为当时知名人士，多归功于李氏之教”。

在重视教育子弟方面，最为典型的是常氏家族的女性。常氏家族族人常立仁之妻范氏，就是一位注重子女教育的晋商妇女。《常氏家乘》中对范氏的“七十寿征文”特别铭记：“慈圃公（常立仁）经理商政，未遑教子。子襄伯仲（即其子赞春、旭春）得以并掇巍科，蔚为国器，其功必归之太夫人。”光绪二十一年（1895），常氏创设女学后，“公请淑人监视讲受，诸女生莫不乐淑人之宽，慑淑人之重。数年来幼稚无嬉戏废业，诸妇无缅规受罚。”由此可见，范太夫人对后代教育是有功劳的。常氏家族另一典型当属常立信之妻曹氏，她也非常重视对后代的教育。在她30岁时丈夫就去世了，她把日渐长大的亲生儿子常普春交给常赞春，说道：“汝弟成败皆在汝，严管深责，予不怪汝也。”常家办起家族女校后，曹氏还担任监堂，对学校事务非常负责。

晋商妇不仅负责教育其子弟，而且对他们严格要求。明人韩邦奇的《苑洛集》中，有一则“王安人墓志铭”，说的是蒲州大商人王崇古的母亲，由于其丈夫素庵公“专意货殖”，“经营四方，每数年始一归”，她就“亲课诸子读书，不令少逸，有过，必声其状责”。对孩子生活上要求俭朴，“衣令蔽体，食令

山西榆次常家庄园“曹欧风范”匾。

克肠而已”，只是希望他们在品德和学业上不断长进。她还反对溺爱子女，“见家人溺爱者，曰非儿女之福也”。对女儿也有具体的教育内容，“诸女皆命先读孝经，晓其文义，而后及女工、中馈、畜子”。据程素仁、程雪云的《太谷曹氏家族》记载，太谷巨商曹氏家族曹振奎的继室杨氏对其子弟的教育更为严格 :“禽犊之爱，知养而不知教，世禄家鲜克有礼，宽纵故耳。未亡人甘冒苛刻之名，实不忍见子孙凌替，有负先父于地下。”她说，禽兽之爱子，是知道如何养活而不知道如何教育，官宦世家的子弟很少能做到有礼有节，是因为对子弟过于放纵。我之所以冒着苛刻之名对子孙严加督责，加强教育，实在是不忍心看到后辈们消沉颓废，以致家道中落，辜负了九泉之下的祖辈的期望。这样的见识在当时是很难得的。在杨氏的严格教育下，其子曹润堂得中举人。

光绪《太谷县志》记载太谷县武氏，丈夫贸易辽左，染病而卒，武氏对子女的教育极严，“稍有过举辄加棰楚，虽慈母哉，严若严君焉”。就是说，武氏的丈夫经商在外，她在家中既为慈母，更像严父，承担着教育子女的职责。武氏对子弟的教育受到时人的称赞。寿阳县人史辅经之妻郝氏，丈夫服贾远方，她很注意对其后代进行勤学教育，光绪《寿阳县志》记载她说 :“其子自七岁就传以至成童，所读书必亲为装束，每增一帙必先期计页数多寡，限某日读毕，总不令一日间断。曰，慢牛常不歇，不减良骥追风也。后次子殿俊未冠入庠。”

郝氏在儿子七岁时，就把他当作大孩子一样严格要求，从不娇惯。“所读书必亲为装束”，并且根据书的薄厚限制读书时间，鼓励子弟要有一鼓作气的精神。为此她经常勉励孩子道：“慢牛常不歇，不减良骥追风也。”后来次子也未到加冠的年龄就进入学堂，接受教育。

光绪《太平县志》记载太平县人赵择之妻柳氏，在丈夫外出经商期间，她为了子侄的教育而日夜操劳，“课子侄以慈代严，延师训迪，日夜纺织以供修脯”。而且对他们严格要求，“稍不遵教即加惩责，无姑息意”。最终取得了理想的效果。

三、以商养教　以教推商

教育是一种投资，大量的资金投入对于富裕的晋商而言不足吝惜，而投资后的明显收效也令晋商家族甚为欣慰，于是形成了“以商养教、以教推商”的良性循环。

晋商由于在商业上的成功，为子弟接受教育提供了较为丰厚的物质基础，

山西平遥文庙“中和位育”匾。中和位育是儒家的核心内容，是修养功夫之极致，中和是目的不偏倚，位育是手段，各守其分，适应处境。

山西榆次常家庄园石芸轩书院的碑廊。

可以使大部分子弟都能够接受家族教育，使其家族成员的素养得到普遍的提高。又由于晋商家族教育内容的广泛和实用，形式的多样与有效，因此他们的家族教育培养了一批能胜任商业事务的人才，保证了其家族商业的延续和发展。

（一）以商养教，提高了家族成员的文化素养

经济是教育的基础，丰厚的财力是教育工作得以进行的必要保障，家族教育也是如此。晋商由于经商致富，为其家族进行教育活动提供了足够的物质基础和便利条件。关于晋商的富有，有关研究已经很多，“海内最富”是学界对于明清时期晋商资本积累的普遍认同。依靠这样的经济实力，晋商家族的子弟就有了接受教育的可能和机会，他们可以不为衣食担忧而去坦然受教；凭借如此的物质条件，长辈们就有足够的资金为其子弟多延名师，广购图书，鼓励和资助子孙后代外出求学。可见，富裕的物质生活大大拓展了晋商家族教育的范围，提高了其家族教育的功能。

有丰厚的物质财富做后盾，不少晋商家族培养出了众多的优秀

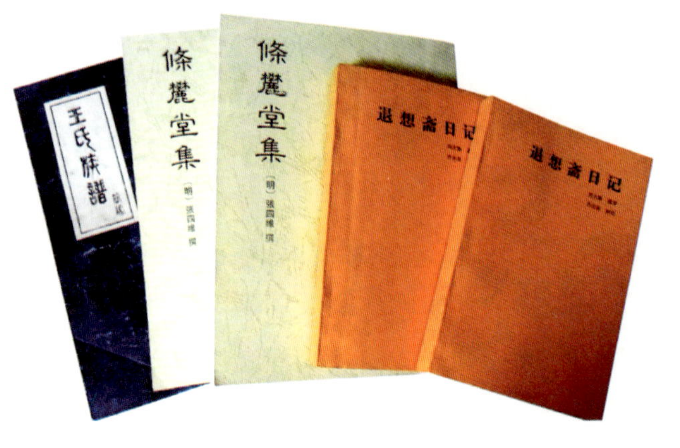

人才。比如，常家在清朝获取功名的不下百人。19世纪后期，从十二世开始，出现了中国家族发展史上少见的文化盛世，培养出了许多教育文化名人，其中常麟书中进士，常立教、常赞春、常旭春等人中举人。常家的这些杰出人物都是在家塾内打下了坚实的文化基础和根底，同时也在儒家思想熏陶下，砥砺品行，认真修身，做到品学兼优。正因如此，他们后来成为清末民初享誉省内外的知名学者、教育家、思想家和书画家，为国、为家、为民众作出了自己的贡献，常家也因此被誉为“教育世家”和“文化世家”。

曹氏家族中也有一些子弟，虽然没有走“学而优则仕”的道路，但在家族教育中接受了儒家思想的熏陶，提高了文化素质，如十八世曹振祥、曹振陶，十九世曹培源等人。

乔氏办私塾、高薪聘请塾师，其重教之风，也为乔家培育了许多人才。乔家的子弟大都受到中等以上的教育，优秀者入太谷铭贤学校、天津南开中学、大学深造，毕业后再留学美国。得益于这种严格的教育启蒙，乔家后代子弟的

延伸阅读

书院，书院是中国古代的教育机构。最早出现在唐代，主要是作为国家藏书、修书的场所。作为专门进行教育活动的书院最先出现在民间。唐代中后期，在私人讲学、雕版印刷术发展和佛教禅林寺院教学的影响下，民间藏书机构和私人教学的书馆、精舍逐渐发展演变为学者讲学、学子求学并具有学术研究职能的教育机构，这就是民间最早的书院。

文化修养水平远远高出当时社会上一般人的水平。他们恪守祖训，无一人涉足政界，大都在金融界、教育界、科技界工作。有不少人进入高等学府，成为科学家、教授和军人等。

可见，假如没有商业上的成功，晋商家族子弟素养的提高是得不到保证的。正如清代士子沈尧在其《落帆楼文集》中所言："货殖之事益急，商贾之事益重，非父兄先营事业于前，子弟即无由读术，以致身通显。是故古者四民分，后四民不分。古者士之子恒为士，后世商之子方能为士。"没有先辈的艰苦创业，聚财敛富，其子弟绝对难以成就学业，更不可能兴学育人。在明清时期的山西社会更是如此，晋商家族也不例外。

（二）以教推商，为家族的发展培养了商业人才

晋商的家族教育，或为步入仕途教子课孙，或为谋生求业精通经商之道，或为自娱自乐而追求精神境界的满足，可以说其家族教育的取向是多元化的。但是，立足于为家族的发展而培养商业人才，则是其主流。比如榆次常氏家族，他们弃"学而优则仕"为"学而优则商"，子弟从小都要接受良好的儒学教育，然后源源不断地将最优秀的人才输送到商业经营之中，确保经商者为优秀的

山西榆次常家庄园石芸轩书院，据说为中国最大的家族书院。

群体、经营集团，形成一个既有商业管理又有文化素养的优秀商业管理群体，常秉钧、常立仁等就是当时名闻遐迩的商界巨子。由于他们知诗书、识礼仪，把儒家教育的诚信、仁义、思想精神融入商界，才造就了常氏商业之繁盛，因此常家被称为中国第一“儒商世家”。再如太谷曹氏家族，其“三多堂”宅院至今还保留着一个百寿大屏风，屏风上面刻满了董仲舒、司马相如等贤达志士的名言警句。他们教育子弟的目的不在以学仕进，而是为家族的商业活动培养堪当重任的接班人。在他们的严格教育下，培养出很多杰出的商业专门人才。早年有曹兆远、曹兆鹏等人，后来，曹氏家塾创立以后，更为其家族培养了大批的商业经营管理人才，推动曹氏家族商业走向极盛。又如祁县的乔家和渠家，在家族教育的影响下，更是商业人才代出，著名的如乔致庸、乔景俨、乔映霞、渠本翘等人。同样我们可以想见，假如没有晋商的家族教育，其商业发展所需要的经商人才也是得不到保证的。

第六章

为商所需　重视职教

职业教育是现代教育的新名词，事实上早在明清时期，山西商人已经开始进行职业教育活动，并且形成相当规模。教育行为是通过必要的教育内容和一定教育形式实现的。晋商职业教育的内容，由职业道德和职业技能两部分构成，而其教育形式则体现在商业行为中，形式多样，又有别于当今的专门职业教育。

第一节　德能兼求的教育内容

晋商的职业教育内容衍生于商业活动的需要。商业活动需要员工懂得待人接物的礼仪，需要员工具备诚、义、信等职业道德，需要员工有一定的书写和计算能力，于是这些就理所当然成为晋商职业教育的主要内容。

关键词：诚信　仁义　书写　计算

任何职业人士要想做好本职工作，都应当具备本行业所要求的职业道德和职业技术知识，商人也不例外。晋商在明清时期已经形成相当的规模，其字号、商号、票号的发展，业务的扩大，不仅需要精明的领导人，更需要得力的实施者，即需要大量精通业务、品行端正的管理者和伙计。为了保证经商活动的顺利进行和获取较高的利润，晋商在其店铺商号对学徒员工都有一些相应的要求。如祁县乔家的大盛魁，庞大的经营规模，不仅要求其管理者具有极高的综合素质，更要求直接进行经营的伙计和掌柜精通蒙古语、俄语，熟知货币兑换比率，熟练掌握记账、核算等工作，还要具备重信义、除虚伪的职业道德。因此，晋商为了经商活动的顺利和有效，便在其店铺商号对他们的学徒和员工提出一些明确的要求，并进行相应的培训活动。而这些活动的具体内容，主要是职业道德教育和职业技能培训两个方面。

一、职业道德　立业之本

德为商之本，自古皆然。所以，晋商在使用学徒和经营商业的过程中，首先注重对学徒和雇员进行职业道德规范的教育。而这些职业道德规范的具体内容，是从中国传统文化中汲取而来的。

明清晋商从诸子百家思想中形成自己的经商理念。在他们的经商实践中，既体现出道家“无为而治”和法家“信赏必罚”的管理智慧及谋略，也体现了信义、忍让、大度、宽容、厚道等儒家学说精髓。因此，传统文化作为历

高钰执掌大德通

在大德通票号供职50余年并充任总经理25年的高钰，16岁进号学徒，由于他聪颖好学，能主善断，处事稳健，东家先后委以分号经理、总经理等要职。大德通在其苦心经营下，兴利除弊，整顿号事，业务蒸蒸日上。20世纪初期，已成为最负盛名的晋商票号。

史的沉淀在晋商的经营活动中兼有伦理道德和法律规范的双重作用。这些内容也就自然成为晋商职业道德教育的重要组成部分。

由于儒家思想中的一些道德规范具有利于商业经营的一面，所以，晋商崇尚儒学，把儒家思想作为安身立命、兴商治家之本。他们不仅把儒学作为正心、修身而“杜邪教之入”的必修课，而且把它作为经营好店铺商号的宗旨。比如，大德通票号掌柜高钰就命阖号同仁皆读《中庸》《大学》，聘请名师给伙友讲名著，培养立身基础。他们认为只有对儒学深入学习，才能明白立身为人、处世办事的道理，也才能在商贾活动中伸展自如，进退有据。因此，将儒学引入商道，使儒学与经商融合，是晋商职业道德教育的特色之一。

同时，在中国传统文化中，关公是忠诚、信义、刚勇、智仁的化身，关公代表着舍生取义、自强不息、克勤克俭等优秀品质和精神，又由于地缘亲情的关系，晋商在职业教育中，对关公文化也比较崇尚和重视。这样，儒家道德和关公文化就成为晋商职业道德教育的主要内容。也就是说，晋商职业道德教育的主要内容就是礼、仁、义、和、忠、信等道德规范。具体地讲，

关公像

即是以儒家思想中的道德标准为本，讲求诚信、仁义等伦理规范；倡导进取、敬业、团结等基本精神；要求勤奋、刻苦、谨慎等良好品质；强调以和为贵的思想理念。

首先是关于“礼”的教育。既然儒家最高的道德规范是礼，那么，明清晋商在经营实践中就注重将儒家的“礼”之道用于润滑商业贸易中的人际关系。而礼作为中国传统行为规范的重要组成部分，其具体内容主要包括恭敬和辞让之心。所以，晋商在经营过程中，提倡恭敬辞让，礼貌待人，以求达到“和气生财”的目的。晋商特别重视谦和礼让，关于礼貌的要求规定非常具体。比如清代《贸易须知辑要》，详细地记述了晋商接待顾客的一些规矩和

方法，包括商业活动的各个环节。比如，“生意人无大小，上至王侯，下至乞丐，都要以圆活、谦恭、平和、应酬为本”；“说话第一要谦恭逊让，和颜悦色，言正语真，方成正人君子”。对于礼，晋商还进一步要求不能只流于形式，而必须从内心真正礼让，必须在事关利益上依礼而让，这才是真正的礼让。正如盂县商家张氏家族的族谱中记载张静轩的话：“（经商）结交务存吃亏心，酬酢务存退让心，日用务存节俭心，操持务存含忍心……前人之愚，断非后人之智所可及。”

其次是关于仁、义、和等道德规范的教育。晋商在经营中提出了“谦和是倍利，仁义是当亨”；“义能为我利，德足润吾身”和“以义取利，利从义生”等思想，提倡“仁中取利真君子，义内求财大丈夫”，强调仁、义、和均能给商人和商业带来利益，应当坚持以仁义行商，以和谐共事。他们明确要求不仅要诚信待客，而且应仁义律己。为此晋商在经营过程中还建立起一套自我约束、自我修省的规章制度，以规范学徒员工的行为。“和为贵”的思想在晋商身上体现为互帮互靠的群体精神和同舟共济的协调思想。晋商在经营活动中，要求其员工重视发挥群体的力量，要通过宗法社会的乡里之谊彼此团结在一起，要讲义气，讲相与，讲帮靠，协调商号间的关系，消除人际间的不和，以便形成大大小小的商帮。

再次是关于诚信教育。诚信是任何企业成功的必备条件，晋商是明清时期中国十大商帮中最讲职业道德的商帮，无论是在对内贸易还是在对外贸易中，都毫无例外地遵循着信、义等道德约束。据《行商遗要》记载，晋商明确提出：“为商贾，把天理，常存心上。不瞒老，不欺幼，义取四方。”显然，他们在这里把“存天理”作为商人道德良知的标准，要求在经商过程中做到“童叟无欺，货真价实”，这样，才能体现公平和公正的道德信念。还有许多商号

打算盘是当时从商的基本功，也是晋商职业教育的基本内容。

明确提出重信义、贵忠诚等道德要求。晋商认为“诚招天下客”，“信纳八方财”，诚信是经商长久获利的基本因素，信是一个人处世立业的基础，是人际关系的美德。所以，他们把“言而信”、“言必信”作为经商者必须遵循的准则。他们总结出“经营信为本，买卖礼当先”，“童叟无欺，诚信为本”等商业谚语，以对经商者进行诚信观念和品德的宣传教育。在对学徒的培养过程中，“信义”的教诲更是口不离心，心不离口。

晋商的诚实守信主要有三个方面的内涵：一是商号内部讲诚信，财东对经理放手使用；二是商号之间讲诚信，即慎待“相与”；三是对待顾客讲诚信，他们教育和要求员工宁肯赔钱也不做玷污招牌、坑害顾客的事情。

关于晋商对其员工的诚信教育，有一则故事更为生动。

光绪末年，灵石静升的王廷仪在京师的“恒源当”做学徒。当铺有定规：“凡典当之物，不到期者，不予取；非本人来者，不予取；逾期不赎者，当铺处置。”某日，老掌柜要将一盒典当珠宝出售于一位洋太太，廷仪附耳低言告知老掌柜：“尚差一日方到期限。”老掌柜不听，说他多事，命开柜取货。廷仪不愿违规行事，又不好硬顶，便假装找不到钥匙。洋太太等得不耐烦，悻悻而去。老掌柜责骂他耽误了买卖要扣薪三月，他不争不辩，只低头诺诺。次日，典者按期来赎，他奉命开柜，丝毫无差。时隔多日，东家问及此事个中缘由，他以“诚信”作答：“无信誉，恒源当何以恒久！”东家击掌叫绝，“好个‘诚信’、‘恒久’！”原来这是东家和老掌柜导演的一出考验他的喜剧，“责罚”自然免除。不久，王廷仪被提升为二掌柜。随后，一路连升，成为名噪京津当铺的大掌柜。

受儒家修身、齐家、治国、平天下思想的影响，晋商特别注重伙计道德品质方面的要求。他们在正面提出应该遵守一些良好道德规范的同时，还相应地提出一些禁戒。比如，一般伙友在做学徒时，就要时刻背诵“重信义、除虚伪、节情欲、敦品行、贵忠诚、鄙利己、奉博爱、薄嫉恨、喜辛苦、戒奢华”，并要一遍又一遍地抄写下来，使学徒和伙计在道德品质的修养方面有较为明确的方向，以增强职业道德教育的效果。

又如著名的晋商商号“十不准”也明确规定：“不准营私舞弊，不准假公济私，不准懈怠号事……”如若违反，则当面开除永不续用，其他各连庄分号也不得录用。在这些禁戒当中，“黜华崇实”是最为突出的。因为，随着晋商商业经营规模的扩大和商业获利的丰厚，尤其是在清末，当票号发展到极盛时期，社会上和商号内部日渐出现了追求奢华的流俗风尚，这是非常不利于商业发展的。所以，晋商就及时采取了相应的措施。

在高钰担任大德通票号总经理时，“其时票号普通潮流，习尚奢侈，大失常规”。面对这种局面，高钰“黜华崇实，不为习俗所移”。不仅如此，他还“益加慎敏，延名师教育青年伙友，讲名著培养立身基础”，即他积极聘请巨儒名师来对青年伙友进行有针对性的教育，以良好的精神道德抵御社会上不良习气的浸染，努力培养伙友们形成勤俭、忠信等美德，并且于光绪三十年（1904），新立号规五条，以杜弊端。后来，终于使大德通安然度过了庚子之乱。可见晋商职业道德教育的实际效果。

应当说明的是，晋商对中国传统文化中伦理道德的重视和遵守，并不一定是他们的自觉作为，更多意义上是其商业经营的需要。晋商把以儒家思想为主的中国传统文化中的伦理规范作为其职业道德教育的主要内容，而且这样的职业道德教育是取得了一定成效的。

引起我们思考的是，在一般人看来，职业教育的重点应该放在职业技能的培训上，认为这才是重中之重。就连我们今天的职业教育，也常常会使职业道德的教育流于形式，而不大讲究其真正的意义。而晋商在明清时期，就能够对其学徒和员工的职业道德有如此程度的重视，并且把儒家“修身、正心、诚意”的传统伦理道德思想和信、义、忠、仁的品德作为商业道德信条，这是晋商所以能成功的原因之一，也证明了中国传统伦理道德的经济价值和教育意义。

二、职业技能　创业之术

从能够搜集到的资料来看，晋商对学徒和伙友的商业技能培训，其内容可以分为两类：一类是写字、珠算、写信、记账等基本技能的培训；另一类则是不同行业的具体技能，如辨别银钱成色、辨别不同商品用途及价格等方面的培训。

燕居谦先生的父亲燕喜先生曾在大德通票号学做生意，在燕居谦先生根据父亲口述为其父亲所写的回忆录中，有这样一段话，很具体地为我们展示了当时晋商对伙友的基本技能要求和培训的情形。“当时柜上请有一位文牍先生，专门教授古籍名著文字，学练楷书、打算盘以及其他一些业务知识，如熟背银色歌、平码歌等等。伙计们每晚要在先生的指导下精写仿字半张，中楷四周配写小楷。所撰文章内容，有时是先生命题，大家撰写文章，但练习最多的题目是发往各支庄的业务往来、公文信函。比如，有一件业务项目，由掌柜对当时的二三十个伙计将内容要求先详细讲述一遍，然后各自构思写成正楷文稿，给先生过目，由先生从中挑选出佳篇推荐给掌柜，经掌柜点头之后便可作为正式文稿采用了。有时掌柜或先生稍加修改，再交伙计一笔一点抄成正楷，掌柜过目之后发往对方。除此之外，还必须练习打算盘，熟练一归至九归。天天须打流水，由先生念账，大伙一齐往下打，最后看谁打得快、打得准。就从上述这些做法培养人才，发现人才，选拔人才，加劳金，打生意，所以，众伙友竞争意识激烈，对学业都专心致志，毫不懈怠。”可见，写字、珠算、写信、记账等是商人训练的必修课和基本功，是学徒每天都要苦练勤

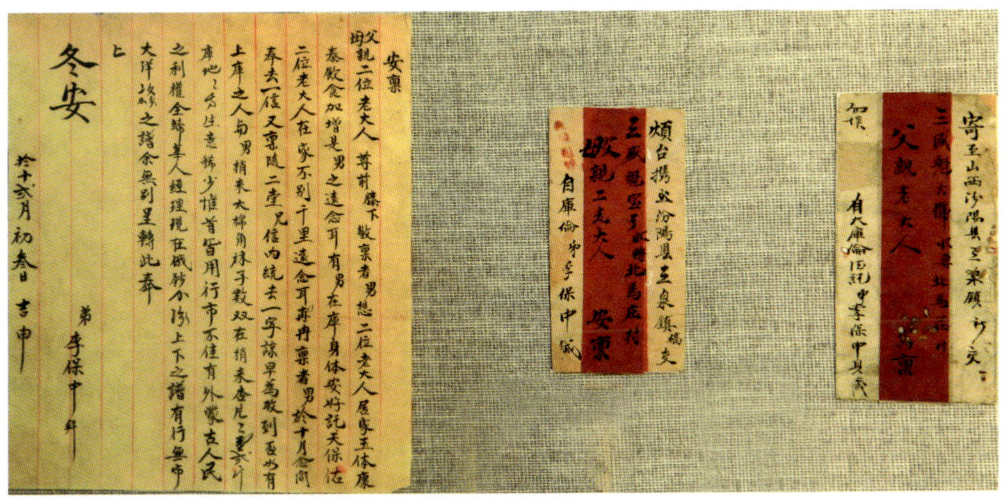

旅蒙晋商家书。

学的内容。

晋商要求学徒写字，一般是学习写小楷。据《贸易须知》记载，写字必须“笔道习字，可以在柜上习学、操练，如有事，且不可”。田际纯、刘存善的《山西商人的生财之道》中有这样一段描述：“写字时，端端正正地坐在板凳上，三个指头提笔，手腕不挨桌面，笔梢对准鼻子尖，‘点如桃’、‘撇如刀’，一笔一画地写。每隔两三个月，掌柜就把你写的字贴在墙上，请来‘上司’（即介绍人）参观、评议。写得好的或有进步的，表扬鼓励一番；若无进步，‘上司’就要狠狠训斥一顿。” 学徒经过这种严格的习字训练，大多都能写一手工整、秀美的字，在当时被称为“买卖人字”。笔者在晋中一带考察走访时，还曾见到不少明清时期晋商所用的账本、书信，字迹大小匀称，整洁美观。据此可以看出当时学徒练习写字的勤奋和辛劳及其实际效果。

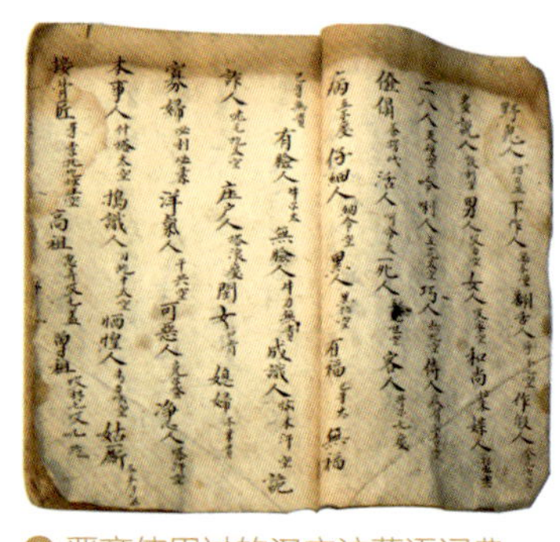

晋商使用过的汉字注蒙语词典。

打算盘是商人的基本功。《贸易须知》记载：“学算盘，日间不可学。但生意之家，忌的白日打空算盘，务要在晚上无事学算盘，请教人指明算法，全要揣悟自省。” 也就是说，晋商忌讳在白天打空算盘，他们要求学徒在晚上关门后练习珠算，要熟背口诀，牢记位数，算盘要打得既快又准。田际纯、刘存善的《山西商人的生财之道》记载：“晚上管账先生结账时，就让小伙计们坐下来打算盘。他故意把数目字念得特别快，就看谁出手快，打得准。数字念完后，让各人报数。打对了，没说的。如果两次、三

次打不对，管账先生就把算盘一夺，撵你出门，以示惩戒。为此，伙计们经常哭鼻子。” 由此可见，晋商对学徒打算盘技能要求和训练之严格。

写信、抄信札也是商人们经常要做的一项工作，晋商当时对学徒写信的训练，有专门的交际尺牍活套（范文），以供学徒模仿练习。笔者在搜集资料的过程中，在平遥、祁县、太谷等晋商比较活跃的晋中一带民间，还见到不少明清时期晋商所用的商业尺牍活套，其中只有少数是印刷体，大部分是手写体，从中可以看出晋商对书信交往的重视，更能反映出明清时期晋商对学徒写信技巧的训练之严和学徒书写之勤奋。

记账也是商人的基本功，所以，学习记账就自然成为晋商职业教育中基本技能培训的一项重要内容。晋商要求记账必须日结、月清、年总结，而且账目与实物存付一定要一致。正如《贸易须知》中所记载的那样：“做生意之人，惟独账目为要，头一有要清白。”具体要求：“一切账目，需要检点清白，誊抄的实。”所以提醒学徒：“随手上账，免后思想。”并且强调：“毋许连环钩搭，扯东补西，不清不白，忘其所然。如此，即是攒账、混账、花账之说。”从这些记载中我们可以看出，晋商对学徒记账的训练是非常具体而严格的。

除以上几种基本技能的训练外，对于在边境做商业贸易的晋商来说，语言的训练也是必要的。因为有些晋商当时在边疆地区设有分号，那里的职工还必须通晓当地的少数民族语言和外国语言。徐珂写的《清稗类钞》，在记述山西票号的伙友学习语言文字的情形时，有一段这样的文字：“其在蒙古者通蒙语，在满洲者通满语，在俄边者通俄语，每日昏暮，伙友皆手一编，习语言文字，村塾生徒无其勤也。”他们为了适应商业的需要，要勤奋学习多种语言。

祁县乔家的大盛魁商号，凡新招收的伙计，到归化城集中起来后，首要的任务就是由专门教师对他们进行蒙古语、俄语、维吾尔语、哈萨克语等的教授。等到语言基本过关后，才有资格被分到各地的分支机构，然后再跟着老职工进行商业上的学习和实践。显然，语言的学习和掌握是在边境从商的一个必要条件，所以，语言技能的培训就成为当时晋商职业教育的一项重要内容。

笔者在搜集资料的过程中，也曾见到民间晋商杂记中商人学习蒙语、俄语时，用汉字作的发音标注，这也可以作为晋商对学徒进行语言教育的一个旁证。

第二节　丰富多彩的教育形式

当代的职业教育，主要以专门的学校、班级教育形式来完成。而明清时期的晋商职业教育有其独特的形式，诸如学徒的选拔、培训、考察，制定商号规章，编写商业读本，造神膜拜等。无疑，晋商开创了当时职业教育形式的先河。

关键词：学徒制度　号规　读本

一、选拔任用　学徒制度

明清时期晋商对员工的职业教育，有一种比较有效的形式，就是实行学徒制，这也是晋商职业教育的一个特色。在晋商的学徒制中，其对学徒的教育包括对学徒的选择、培养以及出班时的考核。

（一）学徒入号，严格选拔

晋商从招收学徒时就开始了严格的人才选择。首先，任何人要想进入商号、票号学习，都要由一位有名望、有信誉的人为他们做保举，这就是学徒的保举制。

殷俊玲在《晋商学徒制习俗礼仪初考》一文中写道："介绍人名曰'铺保'，他必须与商号掌柜熟识，能取得商号的信任。有的商号则规定介绍人必须是与商号有利害关系的人，这是最基本的前提条件；有的还要保举人立有保证书，一旦学徒被除号，就让保举人把学徒领走，必要时保举人负连带责任。""这种保举制度，便于对学徒的控制和管理。它反映了在注重人际关系的中国传统社会中，个人信誉十分重要，而且个人必须有一定的人际关系网络才能够扩大交往，并进一步确立自己的信誉。"

与此同时，还要对被荐举人的家世进行全面考察，要求他们家世清白，即家族及上代均没有污点的孩子，才予以考虑。实际上就是为了确保学徒在道德方面有一个较好的家庭背景和影响。进入票号后，晋商还必须对他们进行严格的面试、口试和笔试，要求学徒年龄一般在 15 至 20 岁，其相貌、口才、

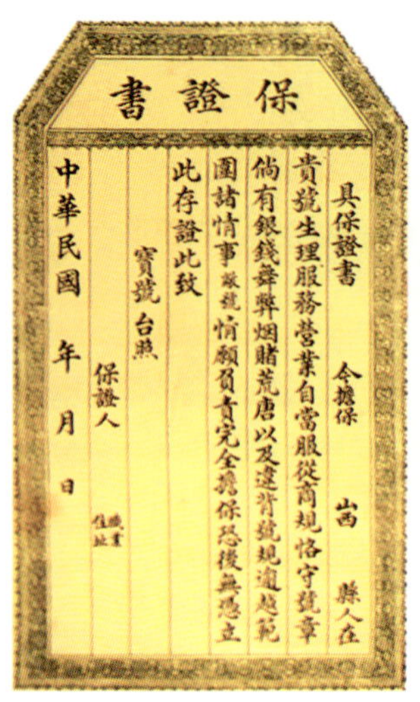

保證書

具保證書 今擔保 當 縣人在
貴號生理服務營業自當服從商規恪守號章
倘有銀錢舞弊烟賭荒唐以及違背號規逾越範
圍諸情事 情願負責完全薦保恐後無憑立
此存證此致
寶號台照
保證人 職業 住址
中華民國 年 月 日

保薦書

今保薦 在
貴號學習生理到號之後自當遵守號章從事職務
倘有違背號規及其他種情弊承保人應負完全
責任此致
雙恒永 台鑒
介紹人
承保蓋章
中華民國 年 月 日 立

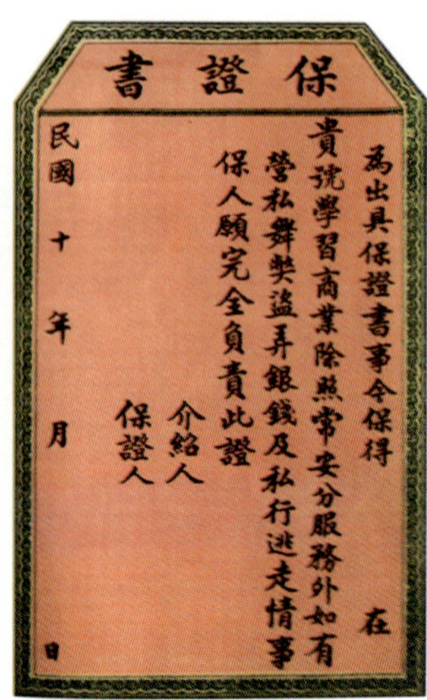

保證書

為出具保證書事今保得 在
貴號學習商業除照常安分服務外如有
營私舞弊盜弄銀錢及私行逃走情事
保人願完全負責此證
介紹人
保證人
民國十年 月 日

北京晋商博物院展出的保证书样本。

文才都要达到一定的标准。具体来说，身高 1.7 米左右，五官端正、仪态大方、口齿伶俐、懂礼貌、善珠算、精楷书、不畏远行、不惧劳苦等等，以上诸条件要求全面合格，缺一不可。电视连续剧《昌晋源票号》中就有一个考核学徒的片断，当总经理指着墙上条幅“文章西汉两司马，经济南阳一卧龙”要考生解释时，正是告诉人们，票号学徒的文化水平不低于秀才水平。经过这样的测试，所选择的学徒自然是有一定文化、举止正派、聪慧机灵并且家世清白的少年。这既保证了晋商经营的人才基础，更突出了晋商对人才基本素质的重视。

（二）在号期间，加强培训

学徒通过严格的选拔之后，合格的就进号。进号也叫请进，表示人才请入，前途不可限量。之后，总号则委派资历较深的伙计任教，在实际的商业经营过程中，对学徒进行业务培训。有的商号还设有职业教育学校，吸收青年进号进行业务培训。

培训的内容主要就是职业道德的培养和职业技能的训练。职业道德的培养，即一种精神道德、伦理价值观的教育，其目的在于使伙友打好立身的基础。所以，一般伙友在做学徒时，就要时刻背诵“重信义、除虚伪、节情欲、敦品行、贵忠诚、鄙利己、奉博爱、薄嫉恨、喜辛苦、戒奢华”，并要一遍又一遍地抄写下来。主要是为了让他们从中领悟到做人和经商的基本道德规范。同时，对学徒立、坐、行及言语等方面都提出一系列的明确要求，主旨是对他们进行从商基本礼仪的规范和训练。由此可见，晋商号内的人才培养，从一开始就立足于商业伦理道德的教育。

关于职业技能的训练，除前面所说的基本技能（写字、珠算、记账、语言）外，依具体行业的不同，还有一些具体的专业技能要求。如在票号、钱庄的伙友，就主要学习一些辨别银钱成色的方法，还要背诵砝码及“银色歌”、“平码歌”，这既是技术的培养，也是锻炼学徒吃苦耐劳、勤谨好学的品格。如果进入当铺，则需要学习珠宝、首饰、皮毛、绸、缎、铜、锡、瓷、木等各种货物的识别方法和价格，并且要熟记当票的暗记符号，掌握当票的写法，学习当行的银钱计算，等等。总之，行业不同，学习的内容也各有差异。而所有这些相应的技能，学徒必须掌握。值得注意的是，所有这些训练，都是在每天晚上店铺、

民国年间秉烛苦练的票号小伙计。

延伸阅读

票号汇兑以银两为准，但各地称量银两的天平砝码标准不同，银两成色亦不同，给汇兑带来很大麻烦。各票号便自制天平砝码，称“本平”，与各地砝码逐一比较，以歌诀形式记下来，故有“银色歌”、“平码歌”。背诵尽管难度很大，但必须熟背。

商号关门休息，学徒伺候好掌柜和干完杂活之后才进行的。可见学徒生活之艰辛。

另外，还要教给学徒经商的一些基本的礼仪规范和经商规矩。例如，在山西大学中国社会史研究中心收藏着祁县民间的一本晋商商业手抄本，书名叫《生意论》，其中对学徒的洒扫礼仪规范是这样规定的：

> 凡学生意之人，清晨早起在诸人以前，夜晚睡觉在诸人以后。临事不用人唤，食在人后，做在人先。洒扫必须洁净，勿惜翎毛以避灰尘。

在晋商编写的《贸易须知》中，对学徒的衣、食、住、行等礼仪规范又作出了这样的要求：

> 学生意，先要立品行，但行有行品，立有立品，坐有坐品，食有食品，睡有睡品。以上五品，务要端正，方成体统。行者，务必平身垂手，望前看，足而行。如遇尊长，必须逊让。你若獐头鼠目，东张西望，摇膊乱跪，卖呆望蜜，如犯此样，急宜改之。立者，必须挺身而立，沉重端严，不可依墙靠壁，托腮咬指，禁之戒之。坐者，务必平平正正，只坐半椅，鼻须对心，切勿仰坐、偏坐、摇腿、跣足，如犯此形，规矩何在？食者，必从容缓食，箸碗无声，菜须省俭，大可厌者，贪吞抢咽，箸不停留，满碗乱叉……趴于桌子，这样丑态，速速摒去。睡者，贵乎曲膝侧卧，闭目吻口，先睡心后睡目。最忌者睡觉岔脚，露膊弓膝，多言多语，打呼喷气，一有此坏样，起早除之。

行、立、坐、食、睡各种礼仪规范，应有尽有。除此之外，还要求学徒既要处事稳重，又会八面玲珑，要求可谓全面而苛刻。

尤其要说明的是，晋商对学徒的各种训练和培养都是非常严格的，比如我们前面所说的写字和打算盘的训练，就是明证。即使是秀才出身,能写会算,但初进商号照例是当小伙计,接受锻炼和考验。在训练的过程中，如果认为学徒的进取心不强，培养前途不大，就会开除出号。据曾在晋商商号做事的一些老者回忆，有的伙友就是因为不好好练习写字和打算盘，多次“考试”不及格，而被打发走的。由此可见晋商对学徒要求之严，也反映了学徒生涯之不易。当地俗谚云:“十年寒窗考状元，十年学商倍加难。”我们从山西商人的习商谚语中也可充分感受到晋商对学徒之严格。根据李希曾《晋商史料与研究》一书的记载，晋商中曾经流传的一首铺诀就很清楚地表达了晋商学徒生活的酸甜苦辣：

> 黎明即起，侍奉掌柜。五壶四把（茶壶、酒壶、水烟壶、喷壶、夜壶，笤帚、掸子、毛巾、抹布），终日伴随。一丝不苟，谨小慎微。顾客上门，礼貌相待。不分童叟，不看衣服。察言观色，惟恐得罪。精于业务，体会精髓。算盘口诀，出手相联（连）。斤称流发，必须熟练。有客实践，无客默诵。学以致用，口无危言。每岁终了，经得考验。最所担心，铺盖立卷。一旦学成，身股入柜。已有奔头，双亲得慰。

可见，在晋商对学徒的严格要求之下，做个成功的商人确实比考上状元还难。

（三）学徒出师，严加考察

经过几年的培养和训练，不贤者学徒期未满就会被淘汰；合格的就出班，意味着学徒生涯结束，并且出师任以专职。但是，在正式执掌商号事务之前，还要经过种种业务实践和道德的考验。对于学徒道德品质的考验，晋商许多商号的主要办法就是“丢铜钱”，即掌柜故意把钱丢在某个地方，看学徒是否会悄悄拿起私藏，以此观其品质好坏。晋商在考察学徒的业务技能及道德，并决定其能否担当重任时，有更为详细而具体的方法和谋略。对此，黄鉴晖在《山西票号史料》一书中记载：

> 练习成熟，再测验其做事能力与道德。如远则易欺，远使以观其志；近则易狎，近使以观其敬；烦则难理，烦使以观其能；卒则难办，卒间以观其智；急则易爽，急期以观其信；财则易贪，委财以观其仁；危则易变，告变以观其节；久则易惰，班期两年以观其则；杂处易淫，派往繁华以观其色。

正如晋商研究学者葛贤慧在其《商路漫漫五百年——晋商与传统文化》

一书中所说的那样："或把伙友派往远地，或留在身边，或让其处于复杂的环境，或把其置于危急的境地，或给以期限约束，或动用财宝去诱惑，或告之危难去动摇，或派往苦寒边地，或放到繁华城市，在各种环境的磨炼中，伙友的志、敬、能、智、信、仁、节、则、色九大素质就得到全面的考验、锻炼。其优秀者就可以委以重任。"

经过上述种种技能和道德的考验之后，才能最终决定学徒是否合格，合格者才能真正结束学徒生涯，并且升入高一级层次。学徒经过这样的培养和考验之后，其办理业务、待人接物的能力自然有很大的提高，他们进入商号、字号后，无疑会直接促进商号、字号的发展。

另外，明清时期，晋商对其学徒进行职业教育，除了在店铺商号进行外，也有的在自家兴办的工厂附设培训机构，以对工徒进行职业技能教育。典型的是榆次常氏家族。据《常氏家乘》记载，光绪二十二年（1896），常氏家族北常的十三世常立瀛，与其族人辅唐（际春）、凤梧创立敦义和蚕桑局。先购买丝质，延聘织丝纺织教师，招工徒十数人，进行职业技能教育。又据民国《榆次县志》和有关资料记载，光绪三十二年（1906），车辋村常氏族人筹设常氏敦睦织布工厂，邀请常立瀛共同办理。常立瀛认为当时的工徒只有技艺而缺乏相应的职业培训，所以，就与其他族人商议，在厂内设教室数间，聘请教员利用夜间给工厂和蚕桑局徒工上课，讲授纺织技术，前后培养出一百多名纺织工人。榆次最早的手工业纺织者，不少是敦睦织布工厂学徒出身。这可以说是榆次较早的职业技术教育。

二、店铺商号　明定规章

晋商对商号、票号、店铺内部员工的管理和教育，主要体现在其号规中。如果仔细研究晋商各号规的内容，我们就会发现，这些号规除了对员工进行管理之外，其教育的功能也是包含在其中的。最典型的就是祁县乔家大德通票号的号规。

据葛贤慧的《商路漫漫五百年——晋商与传统文化》一书的记载，大德通票号的号规十分严谨,而且不断修订补充,至光绪十年(1884)时,其号规已经相当完善。其中,能体现对员工教育的条款也不少。

很显然,在这些条款中,分别体现了注重信誉、保证商品质量的原则;经营中严禁买空卖空,恪守稳妥信实的原则;还有,各票号、商号单独核算,但必须遵循通盘筹划、大公至正原则。另外,还提倡商铺、票号内上爱下、下尊上,相互之间体谅宽容,以增加商号和票号内部的团结和协调等等。在人事管理方面,还要求入号伙友不得懈怠偷安、恣意奢华;不得赌博、吸食鸦片等等。而所有这些内容,既是经商所应当遵守的重要原则,也是以儒家为代表的中国传统伦理道德在晋商号规中的渗透和反映。

在燕居谦先生为他父亲所写的回忆录中记载:"大德通号规极严。在品德方面教育同仁伙友重信义、贵忠诚、本勤俭、和为贵,戒律定有数十条,必须遵守,如不准徇私舞弊,不准弄虚作假,不准酗酒赌博,不准吸食鸦片,不准在外娶妻纳妾,不准私寄银钱衣物等等。违者按情节大小论处,轻者责令改正,重者辞退出号。"从这段材料可以看出大德通票号号规之严以及对伙友品德教育之重视。

据赵克诚在《徐继畬与晋商》一文中说,当时的"侯家票号请徐继畬通力相助,执笔为文,制定出一套包括票号内部机构设置、人事管理、经营业务管理等内容的号规章程。简约的文字中体现着近代晋商严密组织、严格管理、务实崇信、宽严相济、责利分明的管理文化,贯穿着对传统伦理道德的继承和认同,闪现着儒、道、法、兵诸家文化的光华"。如果从广义教育的角度来看,侯家票号的号规章程,除了管理的功能之外,更多的是体现用中国传统伦理道德对其员工进行教化的一面。

细绎史料可以发现,晋商各大商号的规章制度各不相同,但如果从教化的角度来说,它们还是有一些基本相同的伦理道德规范要求的。如,各商号在号规中大都规定了"重信义、除虚伪、贵忠诚、

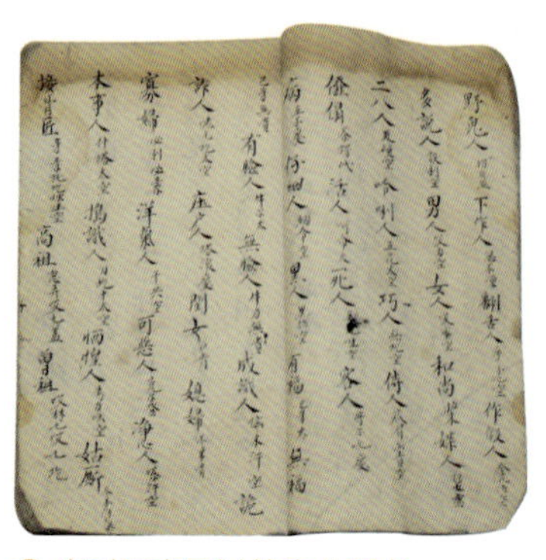

当时晋商用过的商业用书。

鄙利己、奉博爱、薄嫉恨”的行规，反对采取卑劣手段骗取钱财。这正是各地百姓购买晋商商品时只认商标不还价的原因。还有，票号号规还注重对号内人员进行诚信品质的教育，规定：“不准在外巨数支使；不准私自捎物；不准就外厚道；不准私代亲族影射号中银钱；不准私行囤积，放人名贷款；不准奢侈滥费，以耗财物；不准侵袭号中积蓄；不准花酒赌博，至堕品行；不准吸食鸦片；不准亲友浮挪暂借；不准向财东和掌柜送礼；不准到财东和掌柜家闲坐等等。”所有这些，都是晋商为培养人才、陶冶伙友情操而订立的具有约束性的条文，其对员工的教育和熏陶是显而易见的。

商规、号规对人的教育功能的实现是有一个特定的过程的。从晋商的一些商规、号规的具体内容来看，晋商强调学商首先得学会如何做人，他们认为，只有做一个严于律己的人，才可能成为一名商海成功之士。在此基础上，又通过订立商规、号规，并且对商规、号规的内容进行不断的完善和创新，晋商就成功地把义

延伸阅读

乔家大德通票号的号规

一议：各码头勿论票贷货务（指票号、商号），虽以结利瘠账定功过，原以激励人才起见，容之其间，大有分别，总以实事求是。……倘若只顾自己结利，不虑别路受害者，殊乖通盘筹划、大公至正之意。……

一议：各码头总领，毋须各秉天良，尽心号事，不得懈怠偷安，恣意奢华，是所切望。……

一议：各码头凡诸物钱盘，买空卖空诸事，大干号禁，倘有犯者，立刻出号。……

一议：勿论何路码头人位，吃食鸦片，本干号禁……

一议：各码头地方，难免有赌钱之风，坏品失节，乱规误事，皆由于此。不管平时过节，铺里铺外，老少人等，一概不准，犯者出铺。……

一议：各处人位，皆取和衷为贵，在上位者固宜宽容爱护，慎勿偏袒；在下位者亦当体谅自重，无得放肆。……

气和诚信等一系列潜在的道德规范，经过各种章程的固化，变成了一种对晋商所有成员集体行为的约束，从而使得这些规矩有效地融进晋商们的血液，变成每一位个体经商者的自觉行为。一旦违犯，就必定成为千夫所指。这样，道德层面上的自律再加上制度层面上的他律，便形成了晋商中以“义”和“诚”为特点的种种商业行为，也就完成了对其学徒员工的职业道德的教育。据此，我们完全可以说，儒家学说是中国的一种人文大环境，而严格的规章制度又造就了晋商的一个小环境。在这样的小环境中，晋商的仁义、诚信等意识和品质，也就有了扎根的基础。

可见，晋商在其自身发展的历史上，并没有搞什么形式主义的宣传和说教，也没有屡次进行自上而下或者自下而上的什么运动，他们只是靠了利益的联系，加之伦理道德的要求和制度的执行，就激发了商铺群体当中个人的自律精神，从而达到了集体和个人的目的。实际上，晋商充分发挥了管理的教育功能，这种做法是很有借鉴价值和意义的。

三、编写读本 供人习诵

晋商积极收集和整理从事商业贸易的经验和心得，用通俗易懂的语言和简洁明快的形式，编撰出一些商业读本，有的如诗歌，有的似对联，以供人们学习和传诵。现存和收集到的晋商所编的商业读本主要有：祁县茶商大德诚文献中收录的《行商遗要》，平遥商人所编《对应书》三本中的部分教材《断银歌》，晋商在江苏王氏所著《生意世事初阶》的基础上编著的《贸易须知》等等。除此之外，还有现在留存于晋中一带民间的一些手抄本，比如：无名抄本(据其内容和形式推测,可能是唱本之类),祁县民间的商业书《生意论》(手抄本,麻庆云、贾兆鸾),晋中民间留存清同治二年(1863)晋商手写的《杂算书一本》(康万寿堂康正禄记),还有当铺使用的教科书《当铺全本》,其中列有十二部分的内容,分别是:珠子评论规则、宝石类、看玉规则、朝珠论、木属木子类论、看竹类、铜器类、看皮、直隶省出产、江南出产、山西出产、外国出产,是一本可供当铺学徒和员工使用的实用性的手册。在晋商所编的诸多商业读本中,影响最大的有两本:一本是王文素的《新集通证古今算学宝鉴》,另一本是《贸易须知》。

(一)《新集通证古今算学宝鉴》

明代山西汾州商人王文素(1465—?),早年跟随其父到直隶(今河北)真定府饶阳经商。王文素自幼聪颖,爱好读书,广泛涉猎书史诸子百家,又由于经商的需要,所以他很小的时候就练习打算盘,在算法方面特别擅长。后来,他收集了宋代杨辉,明代杜文高、夏源泽等诸家的算书,专心阅读,精心钻研。到正德八年(1513)时,终于撰成《通证古今算学宝鉴》30卷。

在此书中,王文素对于算学的重要性有着深刻的认识。他在这本书的《前言》中就指出,算学是"普天之下,公私之间,不可一日而缺者"。而且认为,对于算家,切不可以"六艺之末而忽之",即应当提高算学家的地位,应当重视算学知识。于是,他本人"留心算学,手不释卷,三十余年"。至嘉靖三年(1524)时,已经六十岁的王文素倾其毕生精力编成了《新集通证古今算学宝鉴》。全书共42卷203条,317诀,1267问,分订12册。这是一部优秀的应用数学之作,内容丰富,科学实用。可惜因为当时无力刊刻,只有手抄本。

王文素所著的《新集通证古今算学宝鉴》,内容非常广泛,涉及近代数学中的平面几何、立体几何、三角函数计算等运用问题,也包含了当时的税收征管法,还介绍了许多简捷速成的计算方法。

晋商研究专家张正明先生曾经著有《晋商王文素及其〈新集通证古今算学宝鉴〉》一文,认为王文素所著的《新集通证古今算学宝鉴》具有如下五个特点:一是包罗面广,实用价值高。这本书不仅全面继承了前人的算学成就,并有所创新,如将"身前因"改进为"身前乘",发展了"归总还零"除法,

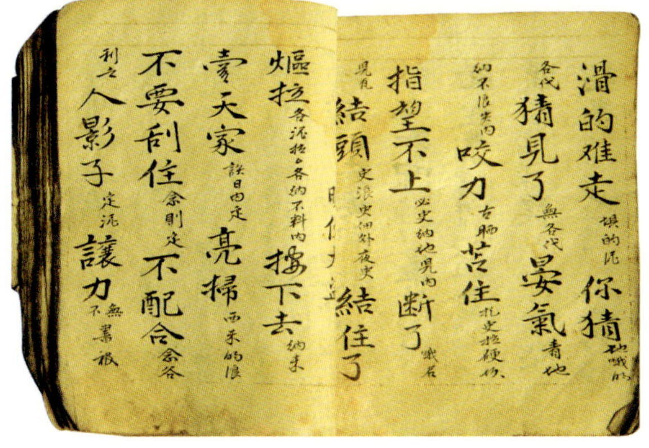

当时晋商用的中蒙文对照字典。

创造了“众九相乘”、“实位相同”等新法，对传统的开方法有所改进，并在立体图形的插图画法上，率先采用了现代轴图法中常用的正等测图法。二是深入浅出，通俗易学。因为全书中有释义、解题，还有绘图及算学口诀。三是校正了过去算学著作中的一些错误算法。王文素的算法比《九章算术》更准确。四是珠算内容丰富，算法新颖，其中有大量关于珠算理论和方法的论述，结合自己的经商实践，对前人的算法进行了全面的研究，并有所创新，在明代诸多珠算书中处于较高水平。五是一些试题具有珍贵的史料价值。书中所举不少事例，真实反映了明代中后期的社会经济状况。

晋商王文素的《新集通证古今算学宝鉴》一书，是一部比较全面的应用数学之作，在明代的珠算和中国古代科技史上占有重要的地位，它在我国计算科技教育史上也产生了巨大的影响。

（二）《贸易须知》

《贸易须知》是晋商编撰的专门服务于商业的读本，主要介绍培养学徒和坐贾经商的经验。书中对如何学徒、如何站柜台、如何讨账、如何进货、如何当掌柜、如何做伙计等都有详细、具体而周到的说明。

关于让子弟学习经商，晋商认为，一开始应当将子弟放到一个规模比较小的店铺里去学习，以免子弟受大店铺一些奢华风气的影响，这样才能养成子弟吃苦耐劳、艰苦朴素的品质。所以，《贸易须知》上说：“子弟学生意者，切莫先送入大店。何也？但大店内本钱是大的，生意是大的，气概是大的，眼眶是大的，穿的是绸缎，吃的是美味，如此排场，难免嫖赌，将以上行为日逐看在眼里，日久成风，岂不误却终身？就是学成顶好的生意，总是立于险地，岂有千年不散之宴席？倘一时不合解，出则生意难寻。小店之生意岂不艰难乎？但有子弟必须先送在小店，虽说本小，但为事俱是寸金步子。论穿者，不过布草衣服；论吃者，不过粗茶淡饭。银钱细算，分文厘毫，不肯费用，只讲勤俭，并不奢华，寻常日用必须，犹若居家一样，况而烧锅煮饭，上门下门，他既受过这般苦楚，见这等行为，就晓得银钱非容易寻，亦知当家过日。但人情物理才明白，如果生意学成有六七分，然后再入大店提领，自此世务明白，则不肯妄为，而雄伟渐高，见识渐远，为人毕竟超群。又道：不是一番寒彻骨，怎得梅花扑鼻香。不是苦上苦，难为人上人。又道：近朱者赤，近墨者黑。而处世小就大则易，大就小则难，此说良有以也。”

晋商还强调店铺、商号的师傅带徒弟必须讲究教育方法，尽可能做到因材施教，并且也要注意自己的涵养。所以《贸易须知》记载：“教徒弟，论其资质如何，聪明有聪明教法，鲁钝作鲁钝教法。聪明者不可过分严警他，必须缓言相训，怎长怎短，始末根由，指点明白。甚的事怎样做，甚的话怎样说，你若不向他细说分明，他怎能晓得？《论语》云：‘生而知之者，上也。’你看世界上有多少生而知之人乎？皆系口传心授，学而知之。鲁钝者，其教不同前，可以不同前，即乎同前一样教法，他也只当耳旁风，岂有为师的有两样教法？奈乎着力教者不能成，不着力教者成矣。只此贤愚别矣。”“教鲁钝之徒弟，只可漫漫管束，亦不致替他说那些细话，俟学下两年如有一线之通，再教可也。如仍然照前鲁钝，则无教导之说，即或教成了，亦是个灰黑会黑者，系麦秀出来的黑穗一包黑炭，并非麦子，所以不成物者，故名。倒不如趁早打发他回去，免敝自己之名。”

又说：“但教徒弟的时节，切不可洒塞□归盆，粗言笨语，非打（即）骂，狠头狠脑。使出这样行为，唬得那徒弟再不能向前也。所以，店东伙计为师者，亦要有些涵养，有些护惜。倘那徒弟如聪明伶俐，不皮顽者，必须要着意教他生意，到后来成人，绝不忘你教授之因也。”

在对师傅提出一些建议的同时，晋商还明确指出，是否能够学成，关键在徒弟本人。所以建议徒弟在学习的过程中，必须要自己努力，专心做事，认真做人。关于这一点，《贸易须知》上说：“徒弟务要识好歹，如那人既朝训诲你，又不过于严厉你，你就努力奋志，把生意放在心上，早晚盘桓，晨昏省悟，精微生意滋味，再莫有个不成之说。又道：世上无难事，只怕心不专。你若是终日顽皮、贪懒、好嬉、胡闹，有心没事，东窜西窜，全不学生意诸事，又不放在心上，就是那人钻在你肚里，又是不中用的。如此者，倒不如早些回去，可以再想别途还好。”

关于学徒的一些基本礼仪规范，比如守规矩、勤快、注意品行、机灵等方面，《贸易须知》中作出了更为详细的说明：“学生意，第一要守规矩，受拘束。不守规矩则不成方圆，不受拘束则不能收敛深藏。即顽石须经琢磨方成器耳。”“学生意，清晨起来，即扫地、掸柜、抹桌、擦椅、添砚水、润笔、擦戥子、舀水与人洗脸、烧香、冲茶，俱系初学之事。”“学生意，要有耳性，有记才，有血色，有和气，此四件万不可少。有耳性者，则听人吩咐教导；有记才者，学问的事就不能忘却了；有血色者，自己就顾廉耻了；有和颜者，则有活泼之象，又叫着是个生意脸，且而人人见了喜欢你，岂不美哉。”如此等等。

在此基础上，《贸易须知》中还对学徒从事商业经营最基本的技能学习作出规定，比如写字、打算盘、记账、语言交流等等。比如记载写字：“笔道习字，可以在柜上习学、操练，如有事，切不可。”关于打算盘，《贸易须知》记载：“学算盘，日间不可学。但生意之家，忌的白日打空算盘，务要在晚上无事学算盘，请教人指明算法，全要揣悟自省。”关于记账，《贸易须知》上说：“一切账目，需要检点清白，誊抄的实。又道：随手上账，免后思想。再者，毋许连环钩搭，扯东补西，不清不白，忘其所然。如此，即是攒账、混账、花账之说。做生意之人，惟独账目为要，头一有要清白。又道：美账如扫荡，好算账不折至竭之言。”还说：“给票与客，须将客货件数、斤两、折

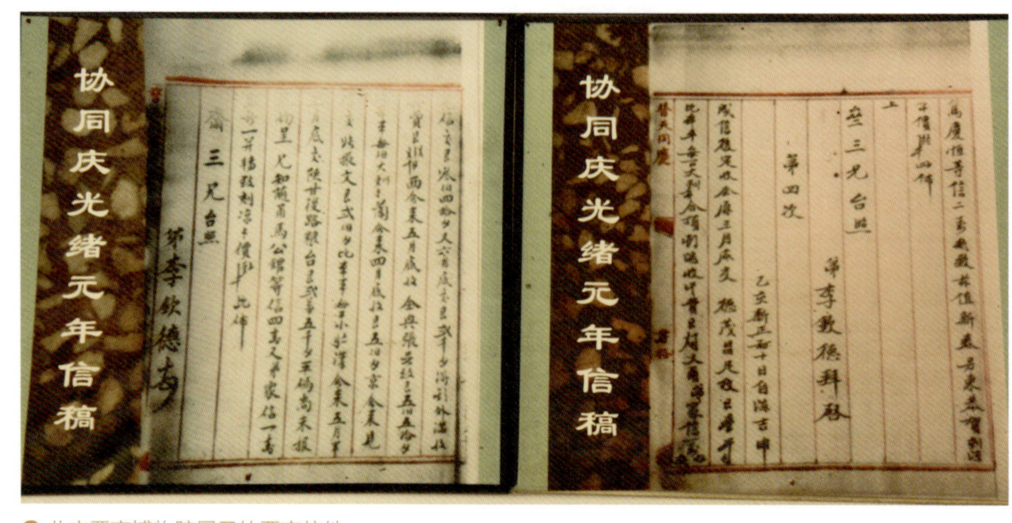

北京晋商博物院展示的晋商信件。

头、价值一一算明，查清对号，落于自家底簿，然后给票。照票给起之后，再查再对，重算重宣，则无伪错矣。”关于经营当中的语言交流，《贸易须知》上说：“交易言谈不可太多，太多则令人犯厌，只在寡要说的确当。你若言多不在理路，话多还说你是个骗子哩。”又道：“对一切来往人客说话，俱要存神留意，听他之出口你随机应变，还须聆音、察理、鉴貌、辨色，你若獐失致不审来历，只晓得随口说出来，并不管前照后，诚恐话内有关系机密，岂不令人参破识透？但凡一切事思忖思忖方可做，一切话亦要想想说，三思而后行，方免后悔。”

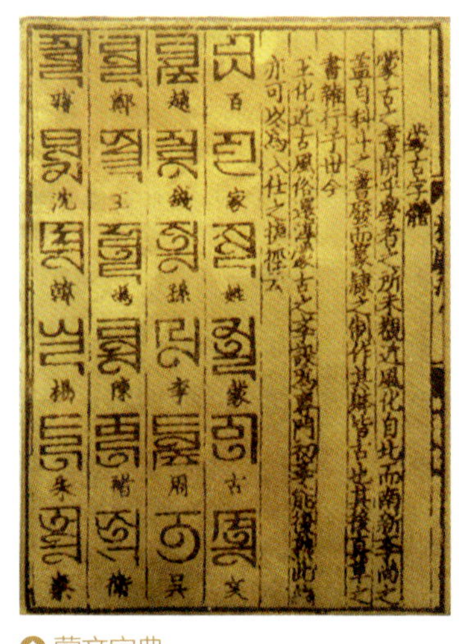

蒙文字典。

除以上基本技能外，晋商针对不同行业的具体技能培训，也有相应的说明。比如，关于秤平，《贸易须知》上说：“称戥子，将毫厘清拿定提好，勿使一绞一懒，总要在手里活变些。称小戥务必平口，称大戥必平眉，不可恍惚高低，称准方可报数。”再如，关于辨别银钱成色，《贸易须知》记载：“看银水成色，整锭者看其底脸，审其路数，是那一处出的，但成色一样销手百般，细查要紧。如整锭无重边者，钻铅无疑。有云：银无重边即是假。如疑或认不真者，剪开便知明白。快头者，看其宝色、墙光、底脸、茬口，纹银是纺银底脸，九五是九五底脸，如底脸不相顾者，必须存神。又道无二色，如再墙光打闪，滑头滑脑者，即剪开，则见银铜矣。”关于进货，《贸易须知》又道：“置货要看彼处行情，如客稀货广，就停着些买；如货少客多，就要量自己行消，酌量置之；如货有长短，则买有跌意。”又道：“宁买迎头长，不买迎头跌。”“货物贵极者必贱，贱极者必贵，此乃至理。但贵极者不可买，买则防贱。贱极者可买，买则防贵。如贵底子贱，此时卖无利者，随即堆垛等价。货无百日贵，亦无百日贱。”又云：“货及必反。谚云：家无千日货，不是长财人。”又曰：“家无滞货不发，总而言之：须耐得、守得为锦囊也。”

晋商还认为，学习经商，要注重实践，要在实际经营过程中学习。所以，《贸易须知》记载：“学生意的周年两载，生意有点眉眼有点摸路，就是硬着头在柜上任意勉强做生意，不可退后。如你做不下来者，自有旁人接应，你一回两回胆大者就好向前做了。你如不向前，终是胆小，何能展放？到甚么时候才能够做生意？又道：若要会，人前累。”另外，晋商对于商业经营中的信息搜集也是比较关注的，所以在《贸易须知》上说：“开行开店之人，三朝五日要在众行走走，讨讨信息，街上各店坐坐，谈谈各货情形。亦不可一去整日不回，有误自家生意。若呆钝钝坐在家里，则不知行情有早晚之分、朝夕之变。”

从以上内容可以看出，《贸易须知》从如何做学徒、如何教学徒、学徒应当遵守的礼仪规范，到经商最基本的技能技巧的学习，再到具体行业的经营技术和技能的训练，都作出了明确而细致的说明，并且语言口语化，通俗易懂，使人容易学习和掌握。所以说，《贸易须知》确实是一本内容全面具体，实用性和操作性都很强的商业读本。

需要补充的是，晋商除了编写商业读本外，还编有一些识字性的读本，其中也渗透着丰富的职业教育内容。孔祥毅在《山西商人与教育》一文中就认为，晋商编写的《识字读本》，在教孩童识字的同时，还包含有这样一些内容：一是关于外出经商："拣个日子，搭伴起身，辞别亲友，叩别双亲，抛妻撇子，难舍难分……走过直隶，又上天津，湖北湖南，广东广西，苏杭扬州，南北两京，山陕二西，河南山东，云贵四川，福建绍兴，北口西藏，宣化大同，登山涉水，万苦千辛。"二是关于开办商号："安设生意，写立合同。俸股谢仪，伙计财东，当家掌柜，站柜相公，局子当铺，估衣客人，盐店银号，珠宝人参，银剪戥秤，砝码天平，图章笔砚，货架账本。浮存暂记，月总日清。"三是关于商业经营："起标发货，各省驰名，趸装零卖，主顾客人，收买出换，贩卖交银。童叟无欺，货实价真。本多利厚，贸易兴隆。每年开俸，足有千金。旧管新收，开除实存。镜面元宝，冰光纹银，耗羡羊肚，元系中锭。积蓄殷实，百万有零。"四是关于资本和借贷："生意买卖，没本不行。"又说："当卖揭借，兑下窟窿。""打下粮食，把债还清，粜成银钱，出放与人。立下借约，要凭保人。每月行利，定要三分。口省肚俭，熬成高翁。"

可见，晋商所编写的这些读本，是晋商行商经验的总结，同时也是向后继者进行商业职业教育的教科书。其内容广泛，涉及商业经营的各个方面，既有对职业技术方面的说明，也有对职业道德品质的要求；既传授给学徒具体的经营方法和礼仪规范，又告诉师傅教育徒弟时应当因人而异。其在知识性、专业性和可操作性等方面是口传言授所不可比拟的。它在当时社会的流传，使得晋商的经商水平大大提高，有效地为晋商的经营和发展培养了所需要的人才。

四、膜拜关公　推崇信义

人要造神，是人要获得一种心理安慰；造什么神，则体现出造神者的文化意识和心理倾向。浙江商人聪明而通达，山西商人忠厚而义气，这恐怕也是文财神源起于浙江，武财神源起于山西的一种原因。

晋商对于关公的崇拜，首要的一个原因是，关公具备中国传统文化中的许多优秀品质，而这些品质正是晋商所追求和倡导的。具体地说，中国传统文化将忠诚誉为崇高的道德，关公就是忠诚的化身。而晋商为追求忠诚，可以舍生取义，至死不渝！中国传统文化崇尚勇武刚强，关公就是刚勇的化身。天行健，君子以自强不息。晋商就是靠着这种自强不息的精神白手起家而成功的。中国传统文化视信义为高尚的情操，关公就是信义的化身，晋商将诚信当做是经商长久取胜的基本要素，商业信誉高于一切；中国传统文化信奉智仁，贫贱不移，富贵不淫，威武不屈，关公就是智仁的化身，晋商劝导克勤于邦、克俭于家，施仁天下；中国传统文化中，人们期冀于神灵护身，关公就是辟邪祛灾的守护神，就是佑福降恩的财神。总而言之，关公的精神都可以在晋商中找到生动的注脚，而晋商的行为又可以从关公的形象中折射出光彩。再加上，关云长祖籍山西解县，三国桃园结义的故事妇孺皆知，关羽“功略盖天地，神武冠三军”，山西商人引以为乡亲是无上的自豪与光荣。因此，晋商对于关公非常崇拜，以至于将关云长尊为财神，以其信义教育同行，以其武功希冀护卫自己的商业利润。

不仅是晋商，可以说是整个山西人乃至全国各地的人们，对关公都有一种认同和崇拜的心

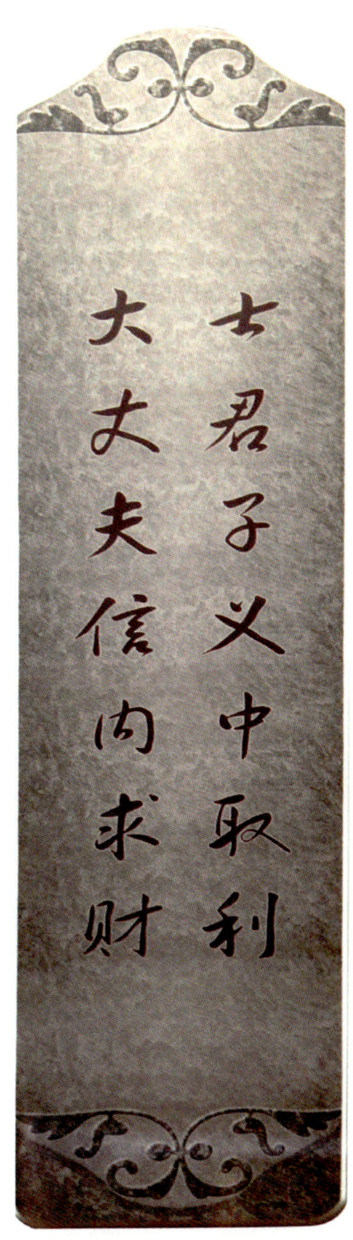

士君子义中取利，大丈夫信内求财。

理。晋商就利用中国人这一共同的追求和信仰，在其活动范围内大搞“关公文化”建设，其中最主要的标志就是供奉关公，乃至积极地修建关帝庙，以祭祀关云长。他们不仅在店铺和家中供奉关公，而且在各地的山西商人会馆中都为关公修殿、供奉。晋商在集体性的定期祭祀及娱神活动的同时，也是在接受关公优秀品格的潜移默化的教育。

据老商人回忆，山西人每到一地经商，一经发展，先修关帝庙。清末一个小小的归化城就有七个关帝庙。其目的就是请这位“神威广大”的神灵，日夜监督他们的全部商业交往活动甚至精神世界，杜绝违背信义的事情发生。在如此的“关公文化”建设中，充分展现出晋商崇尚功利、积极进取、以义制利、义利并重的义利观，体现出晋商审势权变、相地计宜的竞争之道，也体现出智勇仁强、节俭耐劳的晋商素质要求与修身之道。对于商人来说，从关公那里受到的最深刻的教育，便是一个“义”字。由此可见，崇奉关公、修建关庙，其实是利用了人们对关公崇拜的心理，而对其员工和家族中经商之人进行诚信仁义的教育，而且是一种很有效的教育形式。这种形式也就使得晋商的职业教育具有不同于其他商帮的特点。

延伸阅读

关帝庙，是为了供奉三国时期蜀国的大将关羽而兴建的。关帝庙已经成为中华传统文化的一个主要组成部分，与人们的生活息息相关。关羽与后人尊称的“文圣人”孔子齐名，被人们称之为武圣关公。一座关帝圣殿，就是那方水土的民俗民风的展示；一尊关公圣像，就是千万民众的道德楷模和精神寄托；一块青石古碑，就是一个感天动地的忠义教案。

第七章

兴学设教 服务乡梓

晋商对教育活动付诸了极大的热情。明清时期山西各地县志、家谱中记载有很多山西商人设立义学、义塾，扶持、资助贫寒子弟入学受教，并且捐资书院和官学的事例。除此之外，还有许多晋商族人亲自任教，或担任文教官职，或不惜重金收藏图书，主动参与文化教育工作。

第一节 普遍的助学之举

大多数商人热心教育的方式是投资办学，晋商也不例外。为了普及传统教育，晋商设立义学义塾，为乡邑贫寒子弟提供读书的机会和场所。当时政府的办学机构主要是书院和官学，晋商重视传统教育的又一种表现就是投入资金，以供学生的学费、生活费和学堂的维修费。

关键词：义学　书院　资助　官学

一、设立义学　贫寒受教

在乾隆《太谷县志》中，记载乾隆十五年（1750）设立义学时写道："人才之兴皆由学校，太谷以富庶称甲于三晋久也。传曰：沃土之民不才。而孟子曰：富岁，子弟多赖。然则，继教于富者，殆兼此二义欤！"基于这样的认识，人们对地方教育的重要性必然给予关注，晋商也不例外。而进行教育活动，重要的一个条件和标志就是设立专门的机构。明清时期山西各地县志、家谱等史料中，记载有很多山西商人设立教育机构的事例。

据嘉庆《灵石县志》记载，灵石县巨商王氏家族的族人王梦鹏曾经设立义学。当时，看到乡里族中常有贫寒子弟不能读书，他便设启蒙义学于拱秀巷西，预储办学基金，延聘塾师，并亲自"授经"，远近从游者户外履常满，循循诱掖，始终不倦。弟子们"经其指教，皆成才"。后来，王梦鹏的季子王中级，又"克承父志，复捐金添建义学房屋二十三间，延师以训无力子弟"。其另一族人王佐才，也于柏沟村建立义学，并置学田二十亩，作为塾师的"薪水之资"。

同治《河曲县志》记载："丁亥春，商同邑绅黄廷幹、昆玉暨苗植、武凌霄等均各解囊捐资，创立义塾于本城华严寺内。"此处所说的义塾，即河邑义学。可见，河邑义学的创建，是由富商捐资的。义学创建以后，急需解决的是资金问题，县志又记载："首倡捐廉，躬为布置，而绅商等同声鼓舞，愿解囊，

山西平遥文庙大成殿。

资得八百贯……存储行铺，权其息钱所入盈余，足供修脯。”也就是说，义学创建之后，又由商人捐资，存储行铺，以求生息来作为义学的经费。

光绪《永济县志》记载，永济人刘向南，“幼业农，继以业商致富。即于村中设义学，贫家子弟多就之”。民国《灵石县志》记载，出身商家的灵石县北副井村人苗鸣凤，“设村塾，训蒙不计修脯，每为人缕述古人嘉言懿行，以相诫劝里人”。此处的“训蒙不计修脯”，即是免费对村中的儿童进行教育，可见，苗鸣凤所设立的村塾，是义塾性质的。

在同一时期山西商人家族的家谱、族谱中，更不乏此类记载。最典型的是山西洪洞商家刘氏家族，其宗谱中记载其族人设立义学的材料主要有以下几则：族人刘二苏，“公生平力行善事，洪邑学宫倾圮，克庄公（其父）欲修，未逮。公即与弟镇仰承志，独力捐修。工逾三载，费及六千……他如，设义仓，建义学，平道路……凡有益于四民者，莫不毕兴备举，孜孜不倦”。也就是说，刘二苏继承父志，独家出资修缮学宫。在此基础上，又设立义学。

"热心公益"、"为善最乐"匾，展示晋商当时热衷于捐资助学等公益行为。

另一族人克庄公，"惟以济人利物为事，创建义学，造就乡邻子弟"。克庄公之弟刘敦斋，"设义仓义学以厚乡邻"。刘敦斋设立义学以使乡里贫寒子弟受教。刘氏另一族人耕岩公，"设义仓，治道途，建义学，延经师，教养后进之士，善行崇累，皆有经济乡党耳"。族人刘赠公，"于乡建立义学，延经师督课后进于邑学"。即，他们都出资设立义学，并延聘教师，训教乡邻子弟。

刘氏家族的刘我义、刘我礼两兄弟，"恩兼善于人寰，著四书，学思录，不外正心诚意之传，构数楹义学房，无异鹅湖鹿洞之教……废银千两修治平垣，既便商旅之往来，见本邑倾圮学宫，捐资五千重建"。可见，刘氏两兄弟既为义学建筑房屋，又捐资修复学宫。他们为开展当地的教育活动所付出的努力是不可否认的。因为他们建义学十数楹，所以"贫乏者不至废诵诗读书之事"。

生活于康熙、乾隆年间的刘午庄，也是因为"父兄相继殁"，才"躬持门户，遂辍举业"，所以，在经商致富后，他也"修义学，葺祠宇，捐学宫"，并且"生平无他好，惟积书万卷"。从这里，我们可以看出，商家出身的刘公对传统教育的挚爱。以尚义乐施名噪齐鲁的临川公，"先世箕山公（其父）建苏堡义仓义学……迨今七十年，各房子姓一再重修，提挈纲领，公实肩之。秦陇通衢（因为其父子曾捐建邑南大石桥）……还曾捐建学宫，夫泮宫崇焕，义廪充饶，养正书院弦诵之声弗辍者，皆公经纪力也"。以上几则材料足以说明设立义学既是他们父子共同的愿望，也是兄弟一致的行为。从中可以看出山

西洪洞商家刘氏家族对当地教育活动的积极参与。

在明清时期山西其他商人家族的族谱和家谱中，此类记载也随处可见。灵石静升商家王氏家族，在其族谱中，族人王中辉为其父作“行状”时写道：“因乡族无力之家子弟不能读书，遂为建立义学，预备脯费，延请师儒训之。”《温户东支族谱》记载介休商家温氏家族的族人温绍周：“（公）尝于冬春之间，家设义学，训养蒙童，村人赖识字者不少。”其另一族人温勤斋：“每岁冬，家设义学，训教蒙童者数十年，家族闾里间，至今犹多感佩其德。”《定阳张氏族谱》记载商家张氏家族的族人张敬庵：“先生性嗜读书，恨未能自掇科名，因设立大小二义塾，率合郡子弟就传其中。一应束脩膏火之资，皆己出。每月朔必以文籍纸笔奖赏之，以示鼓励。”就是说，敬庵公自己出资在当地设立大、小两所义学，学子读书所费都是他供应。山西洪洞商家卫氏家族的宗谱中，记载其族人卫绍玉：“于乡设塾，延师成就人材。”《儒侨陈氏宗谱》记载汾阳商家陈氏家族的九世陈锡龄：“公潜心经史，如董子之下帷不窥园林者，盖数十年设教闾里，一时负笈来游者，咸谓，坐我于春风中云。”能够数十年在乡里设教，或许还有其他的原因，但客观上对本地教育的普及和发展所产生的积极效果是应当肯定的。还有山西平遥商家冀氏家族中的海泉公，他曾经在京城做汇兑业务，是平遥一带著名的票号商人，后来年老归里，其宗谱对他有这样的记述：“设义塾……老而勤学，乐善好施。” 另有介休市北辛武村票商冀以和，他是使冀家商业资本发展到鼎盛时期的一个关键人物。他一生在外经营商号，晚年回到家乡以后，曾在其家花园开办私塾，起名为“登瀛文社”，招收秀才免费入学，培养了一些人才。

显然，明清时期的晋商族人在本地的文化教育领域还是比较活跃的，更由于有着较为雄厚的物质基础，所以他们在乡里开办了不少义学、义塾，对乡族邻邑的儿童进行初步的文化教育。而这种基层的文化教育机构，在当时的山西农村是比较普遍的，也是比较重要的。这在一定程度上对传统文化教育是一种有效的普及。当然，在当时的社会，人们设教授徒还有生活等方面的原因，但是，与此同时，晋商参与当时当地教育活动的行为及其影响，还是应当给予积极的肯定。

二、捐资书院　资助官学

除了设立义学、义塾等最为初等的教育机构外，明清时期的晋商还对当时的书院和官学投入了一定的关注和精力，其在财力方面的支持是最为突出的。他们积极地为当地的书院、学宫、学堂出资，以供相应的膏火和维修费用。光绪《永济县志》记载清朝时期永济县上阳村商人秦魁炎：“少壮业商，而喜读小学。尝于村东购麻谷，废寺创立书院，名曰‘归儒’，芮城薛仁斋先生主讲。”可以想见，秦魁炎废寺创立书院后，给书院提供一定的财力支持，应是很自然的。同为清朝时期的永济商人任士宏，曾经在绛州一带经商，积累万贯家产。临终的时候嘱托他的儿子任全盛说，对于当地的善举一定要鼎力相助，不惜钱财。后来，绛州重建书院，其子任全盛踊跃出资，并积极倡导，才使得工程得以顺利完工，他的这一举动受到了时人的赞颂。民国《新绛县志》记载新绛人韩杰：“业贾游吴越，胸次洒落绰有风致，宗族贫者建义斋以处之，生养死葬悉赡焉。戚友称乏，多方赈助，捐金修学为诸生倡。生平所绩，以仗义散尽。”这则材料的重点虽然在褒奖韩杰的孝义，但我们从中也可以看到他捐资修学的事实。

在明清晋商各大家族中，资助传统教育最为积极的数灵石县巨商王氏家

山西平遥文庙的尊经阁。

族。据嘉庆《灵石县志》记载，灵石县的文庙建于明洪武十六年（1383），后来由王家后人王麟趾捐资重修。到康熙年间再次重修时，王家后人王斗星独自一人捐资，于县东北修建静升村文庙。乾隆四十八年（1783）和五十三年（1788），王氏家族的族人王中行分别捐资修文昌阁和学宫、文馆彩画。 在《王氏族谱》中也有类似的记载。比如，在“永斋王公传”中就这样写道：“县城文庙残阙，捐金重修，焕然一新，阖学题‘功在胶庠’匾表扬。”

另外，洪洞商家刘氏家族的族人在这方面也不逊色，其宗谱中类似的记载随处可见。关于其族人午庄公的助学，其宗谱中有这样的记载：“以父兄相继殁，躬持门户，遂辍举业……修义学，葺祠宇，捐学宫……生平无他好，惟积书万卷。”而关于敦斋公的助学，其宗谱中的记述是：“洪邑学宫圮，公偕奉直公葺而新之……购益学田四十亩，用备多士弦诵膏火之需。”即敦斋公不仅出资修葺学宫，而且与人合资置办学田四十亩，以作为学宫士子读书的费用。从《赠敦斋公》一文中我们还得知，其兄二苏公也曾为重修学宫而捐资，他们的后人还捐资重修锦屏书院、修学宫等等。

除此之外，在其他的商人家谱和县志当中，类似的记载也不少。《解梁孙氏族谱》记载解梁商家孙氏家族的族人太原公：“公力请于有司，增生徒廪给，完葺学宫，兼选郡中俊秀子弟赍谒东鲁孔子庙习礼器焉，一时文风郁盛，为天下郡邑冠首。”既然积极呼吁增加生徒的廪给和修葺学宫，自己捐资则自不待言。《冀氏宗谱》记载平遥商家冀氏家族的族人烈章公：“少时读书，长，因家繁食指，遂理计然术，即外出经商……邑中文庙、城池书院诸大役，悉竭力董其事筹办。”为筹建邑中城池、书院竭尽全力，而作为商人，为书院出资自是题中应有之义。

关于太谷县的儒学，其县志中写道：“太谷县儒学始修于嘉靖癸未……凡庀财，七百八十有五缗，以邑诸大姓之乐义者出之，役人力三千七百有余日，以远近民之食力者充之。” 毋庸置疑，在邑诸大姓中，当地的巨商望族踊跃捐资，可见，太谷县儒学的修建也得到了当地商人的捐助。从同治《榆次县志》中可以得知，榆次文庙、邑儒学门，大多数为知县率邑绅捐资修葺，这其中当然也有当地商家和商人的参与。

除了直接为书院、学宫捐资以供其膏火和修葺外，商人还在筹集资金的基础上，再将所筹到的款项放入当铺生息，以获得更多的钱财供教育活动使用。这不仅是商人为教育提供财力支持的一个重要途径，更是商人资助教育的一个特色。李琳琦在其《徽商与明清徽州教育》一书中认为，这实际上是对教育经费管理的商业化操作，或者说是教育经费的商业化经营。晋商在这方面也比较突出。

日本学者大久保英子曾经对中国明清时期的书院进行过专门的研究，他在《明清时代书院之研究》一书中的研究结论之一就是：典当商人的存在对于明清时期书院的兴办提供了很重要的财力基础。他具体对山西、安徽、江西、湖广、江苏、浙江、福建、广东等地书院经费的来源做了详细的研究，结果表明：典当利息是最大宗。具体地说，就是士绅（通常是商人）将资金交付典当铺，以每年利息作为经费，本金长期不动，时有增添，这如同现代的学术基金会。例如山西祁县的昭馀书院，就是由知县和富商共同捐资两万两白银作本，交当行生息，每年得息数千两。

光绪《永济县志》记载，永济县先师典礼和祭祀的费用："先师典礼，未曾议及。自知县鹿公捐银二百五十两，知府厄公捐银一百两，知县孟公捐银一百两。共银四百五十两，发当商生息，每年息银四十五两，为春秋二祭之用。"在谈到关于生徒膏火时，又写道："旧额膏火仅有十六分，李公守蒲办理河防有余银五千两存库，以备急需，河防也已撤，江太尊拟将此项发六县典商生息，添设膏火。"翼城县商人邓爱涛，县志记载他说："邀集邑绅商酌劝捐银八千两，发当生息，以为聘山长之资，生童膏火之费，至今约三十余年矣。"由此可见，翼城县书院的经费也是由绅商捐资并存入当铺生息得来的。山西教育出版社 1996 年出版的《灵丘县教育志》，对灵丘县太白书院有这样的记载："道光十七年（1837），知县苏元峨因童生缺乏伙食费，召集绅士筹捐制钱 2300 余千，存到商行赚利息。这项资金除补助童生伙食和支付老师讲授费外，到咸丰三年（1853），书院还积存制钱 3900 千有余。”也就是说，由于商行的存在，使得太白书院所得的捐资能够赚到很多的利息，这无疑对书院的经费提供了一定的帮助。

同治《河曲县志》中的“新创义学碑记”记载：“首倡捐廉，躬为布置，而绅商等同声鼓舞，愿解囊，资得八百贯存储行铺，权其息钱所入盈余，足供修脯。” 很清楚，河曲义学是将绅商所捐的“八百贯”存入“行铺”，才保证有足够的“修脯”的。光绪《平遥县志》关于学校的记载中，写道：“光绪八年五月，李五玉之母诰封夫人李王氏捐银三千两用助书院膏火之费，现已发商生息。”值得注意的是，李五玉是日升昌的票号东家，这则材料可以透露出晋商对当地教育在财力上的支持。山西五台县的崇实书院和各乡义学也得益于典商的存在，在《五台徐氏本支叙传》中谈到徐继畬的父亲徐润第时，写道：“劝合县捐资，立同善公，以生息银，立崇实书院并各乡义学。”

明清时期，山西各地的书院经费，除个别的由政府拨款外，其大部分主要靠民间私人捐助。尤其是在山西一些商业比较发达的地区，如晋中地区，根据史料记载，书院经费的赞助力量主要是商人。

山西平遥文庙中的“超山书院”匾。

张晋平的《晋中碑刻选粹》中，录有曾任平遥超山书院主讲的徐继畬所撰“平遥超山书院创建重修原委碑”一则材料，从中可以看出，创立于清代康熙年间的平遥超山书院，至道光初年，已荒废很久，当时重修超山书院的经费，有一部分就是“从城内铺户募捐七百两有奇，乃□□修明伦堂后尊经阁，两旁空地各建房十五间。又于尊经阁前建讲堂三楹……于是书院始有其地”。书院重修后，要维持正常的运转，又遇到了经费问题。后来，在建文庙所余经费的基础上，“于是□董事有资凑成万金之数，呈请县尊发合县当商□一厘半生息，每岁得息银三百五十六两，□山长束脩伙食银三百两，生童膏火及□□□三百两，余银五十两为历年修补房屋之用。”在徐继畬先生的《松龛全集》中也说道，平遥县的超山书院不是由官方经营，而是由24家董事来轮流值年经营的。

光绪《平遥县志》记载，道光二十四年（1844），为了办超山书院，各商家曾捐银13000多两，立为基金，存当得息，用于助学。全县商家公推24人组成“大成社”，轮流值年管理，平时也屡有捐银助学者。显然，在平遥超山书院的重建和维持正常的教育教学工作中，都有晋商在经济方面所给予的援助。仅光绪八年（1882），日升昌东家李五玉之母李王氏一次就为书院捐银3000两，使书院的办学经费绰绰有余，普通人家的子弟也因充裕的膏火补助而争相入院读书。在董培良的《平遥古城文化史韵》中，有这样一段记述：“为资助本县生员参加科考、乡试、会试，光绪六年（1880），平遥县由蔚盛长票号财东程遵濂带头捐银5580两，魁泰烟店东家邓元文捐银1000两，知县锡良也捐俸银200两，其他商号也纷纷响应，共捐银13800多两，存当行按六厘五生息，建立了又一项助学基金，成立平遥‘宾兴文社’，由商界公推20人担任社董，负责管理基金使用。这项奖学基金被现代人戏称为平遥的‘诺贝尔奖金’，比1901年创设的诺贝尔奖还早21年。”由此可见，平遥商人在办学和资助教育方面是出手大方的。

祁县的昭余书院，其经费也得益于当地绅商的赞助。根据卢润杰的《昭余春秋——祁县之古风古韵》一书的记载，清康熙十二年（1673），祁县在明代昭余书院的旧址上重修和扩建了昭余书院。但因经费困难，入院学习的生员、童生不多。到了乾隆四十八年（1873），祁县的学宫和文庙由于风吹雨打，年久失修，梁崩瓦裂，房倒殿塌。当时祁县知县陈士玉见状，痛心之极，决心重修文庙和书院。他邀请祁县地方绅士、学人和商贾大户，聚会“明伦堂”，商讨捐资重修书院之事。包括商人在内的祁县人民，听说重修文庙和书院，均慷慨解囊，广捐银两。道光初年，知县程茂冲开始向富商大贾倡捐，集白银两万两，全部存入典当行生息，书院日渐兴盛。而此前书院学田的年收租银仅有140余两，租谷58.4石，可谓微薄之至。有了绅商的捐助，不但书院院舍修缮一新，而且聘请老师都是选择有名望的举人和进士。昭余书院的存在，使祁县成为山西明清时期考取举人、进士最多的地方，而昭余书院的两次大规模的重修和扩建，都在相当大程度上得力于本地商人的资助，我们由此可以看出祁县商人在资助本地教育发展方面所起的作用。

明清时期晋商比较集中的另一地区是榆次。据同治《榆次县志》记载，榆次当时的书院有凤鸣书院、源池书院、魏榆书舍、涂川书院、凤翔书舍等。其中，影响最大的凤鸣书院的经费来源，就是邑令文光督士民捐资一万两，生息以为膏火。即是将士民捐资的一万两白银存入商行生息以供书院使用。后来，凤鸣书院在维持和运行的过程中，又受到了榆次常氏族人在经济上的支持。道光十七年（1837），常氏家族的十三世常维城，得知榆次凤鸣书院重新修建，慨然捐资二百金，为诸生膏火金。在《常氏家乘》中有关常维城的记载也说："邑中凤鸣书院渐颓废，议重兴。公捐膏火资二百金，无难色。"为此，常家还受到当时榆次知县文光的褒奖："道光十七年，以助榆次书院经费，由知县文公光给匾'崇文尚义'。"

太谷的凤山书院也不例外。据乾隆《太谷县志》记载，凤山书院建于明嘉靖九年（1530），几废几复，每次复修都有邑绅士捐资。县志中录有邑令吕崇谥所写的"凤山书院碑记"，其中说："与邑绅士议建书院："邑绅士咸以为然。是日，余首出俸金以倡，而踊跃以捐者逾千金，盖人心之好义也若是。"在"新建凤山书院记"一段材料中又记载："谷邑绅士闻之，咸踊跃乐输。"县志中还有两篇关于凤山书院膏火的短文，也反映了类似的情况。一篇是"捐置书院膏火碑记"，其中这样写道："因延邑中绅士谋给诸生膏火，以示鼓励之意。一时众议佥同，踊跃捐者逾千金，自此诸生按月少有所给。"另一篇是"续捐凤山书院膏火碑记"，其中有这样的内容："邑中英俊才延师讲习其中，所以造士以襄文明之治，爰首捐廉为倡，绅士等咸踊跃乐输，共襄义举，计得金

山西榆次老城凤鸣书院外景。

山西榆次老城凤鸣书院内。

二千二百一十两。”可见，太谷的凤山书院，从其兴建到重修所需要的资金，再到书院膏火，都来自于邑绅的捐助。而从经济实力上讲，当地的商家及其族人当在出资者之列。由于绅商的捐助，维持了凤山书院的长盛不衰，也使当地人才辈出。据山西人民出版社 1993 年出版的《太谷教育志》记载，太谷在明朝时有举人 53 人，进士 6 人，清朝则升至举人 323 人，进士 53 人，还有钦赐举人 9 人，钦赐副榜 9 人，人文之盛于此可见。

对于传统中国社会商人捐资书院和学堂等教育机构的行为，有人认为是附庸风雅，也有人认为是为了赢得社会声誉，学者林大雄先生在其《传统中国商人的文化洞察》一书中也如是说：“商人出本钱获利息完全相同的结果是，花本钱养士则士人学业有成，学而优则仕，又从而以政治上的‘利息’回报商人。”这些说法倒也有一定道理。但无论商人的主观愿望和当时的具体目的是什么，他们的这些行为，给传统教育所提供的经济支持，是不容否定的历史事实。

第二节 积极的教育参与

晋商关注和重视传统教育的另一种行为就是积极参与教育活动。由于多数晋商子弟都有一定的文化，所以部分商人及子弟亲自担任教职，成为官学和私学中的教师。还有些晋商家族的族人担任教谕、训导等教育官职，参与教育的管理活动。又由于相当一部分晋商族人有着浓厚的儒学情结，加之他们财力雄厚，于是便不惜重金大量购置和收藏图书典籍，以供家族子孙及世人学习。

关键词：设帐授徒　教谕　藏书

一、任教乡邑　教授生徒

明清时期，一方面由于晋商家族具有一定的经济条件，其族人从小就能接受一定程度的文化教育；另一方面，也是由于他们在经商过程中对传统教育的作用深有体会，所以，晋商比较重视文化教育，从事传统教育活动的人不在少数。明清时期晋商除了积极创办义学等教育机构，捐资官学和书院外，还在乡邑教授生徒，或担任教谕等职。

有关史料显示，明清时期晋商家族的不少族人在乡里教授生徒。代州商家冯氏家族的族谱记载，其族人瑶罂公："虚怀好学，专静善思……惟聚群从子弟课其句读，执钱仅供饘粥，箪瓢属空，意泊如也。夏日冬夜，辄手一编，孜孜不倦。"其另一族人冯秋水："则取王鲁齐柳道传诸遗集，梓之，置学宫，与范子骧、陈子今圣、祝子基阜、严子天颜辈，赋诗讲学，著春秋大成，学者宗之，前后说《春秋》者，弗能俦已。"《王氏族谱》记载灵石商家王氏家族的族人尔康公："少颖悟，经书史册过目成诵，长，游庠，屡冠诸生，学使者咸以伟器目之。生平孝友，自矢读书服古，务以躬行实践为功。教授乡里，门人蜚声胶庠者不可胜计。"其另一族人王梦鹏："生平嗜翰墨，能文章，有名于庠，为督学使者所重，以优行旌其门，读书盖洽为经师，成就弟子甚众。"关于王梦鹏教授生徒的情况，在他的儿子王中辉为其先父所作的"行状"中，也有相应的记述："授经里中，远近从游者户外屦常满。府君循循诱掖，终始不倦，弟子行成名立者甚众。"《五台徐氏本支续传》记载五台商家徐氏家族的鲁范公："在介休设帐二十余年，后鲁范公年高，乃归里佐理家政，设家塾以教生徒。"其另一族人徐润第："归里，设教于东冶镇。壬午，设教于晋阳，与张静生舍人讲学，作中庸私解，逍遥游解。又读张舍人所抄傅青主书，作杂言。癸未，设教于崞县北社。丙戌，设教于介休之胡龙白氏贾村侯笃斋（培余）副车，富而好礼，慕公品学，延请教其季弟（步余）。丁亥春，移馆于贾村，自庚辰至丁亥，读书偶有得，随手书之，专言易者曰说易，曰图说。"徐润第不仅在多处讲学，而且还从事一些著述活动。《温户东支族谱》记载介休商家温氏家族的温玉田："乡人设帐竞延者比比，先是馆于邑法武董少尹家，少尹雅重师儒，与公称为至契，受业诸生，咸沾教益。后馆于义安里，造就多人，前后入庠者甚多。"

明清时期晋商的一些族人不仅从事授徒讲学的活动，而且，有些人的从教活动还在当地造成了较大的影响。比如，平遥商家冀氏家族的镜川公，其宗谱对他有这样的记载："（公）最善诱俊进，凡列门墙者，激励裁抑各随其才。以故，邑中士人半出先生门。讲论指授，如坐春风。"由此可见其教学影响之大和效果之好。山西代州商家冯氏家族的叔辰公，其族谱中记载他："性嗜学，淹贯经史，践履笃实，于人世纷华征逐，泊然无所慕。当道咸重其学行，争延致之……设帐多在乡邑间，雁门地瘠民贫，教读一席，非人数众多，修补即有限。府君开馆，旧第生童数十辈，课督殷勤，几无暇晷，晚夕犹自勤功课，口诵心维，虽盛暑之天，左手把卷，右手挥汗，咿唔不辍焉。如是者几十年。"后来，又"应当路之聘，历主郡邑书院讲席，始主讲皋川。皋川地处山陬，府君至而训课勤严，文风丕振。迄今皋川人士皆啧啧颂扬不衰……壬辰，主讲曲沃，满二载，将去，生童具疏苦留，均以为品学纯粹，实为罕有……府君教育之泽广矣。己亥，复主浑源恒麓书院讲习，浑源素称文物之区，经府君课督，而文运亦蒸蒸日上"。以上材料说明叔辰公的从教情形以及教育的效果。在乾隆《太谷县志》中记载，太谷县人吴玉英"以计然策起家"，显然是一商人。但他后来"居乡，尝设绛帐，授生徒……终日不倦，游其门者多所成就”。在这里，我们能够看出曾有过经商经历的吴君，后来通过在乡邑的授徒活动，对当地的文风振兴和人才成长，起到了一定的推动作用。

除了在乡里设帐授徒外，晋商中还有一些人在当地的书院从事讲学活动，在一个更高的层次上影响着当地的传统教育。代州商家冯氏家族的百史公，其族谱上记载他说：“先是建德有宝贤书院，久废。君从而新之，进诸生讲肄，拔其优者如张广居、柴望霖等给膏火，一时人文蔚起。” 显然，对于宝贤书院的恢复重修和优秀学员的膏火，百史公都给予了经济上的援助。冯氏家族的另一族人研卿公，他的父亲曾做过太谷县的训导，族谱记载他说：“道光己亥，年二十六，由增生举本省乡试。咸丰癸丑大挑二等，以教职用，甲寅主讲本州（代州）斗山书院。” 斗山书院是当时代州较高一级的教育机构，研卿公在此处讲学，其影响可见一斑。

特别值得一提的是灵石静升王氏家族的族人王舒萼，他于光绪丙子中进士，维新运动失败后，被平遥超山书院邀请为山长。据民国《灵石县志》记载，王舒萼在超山书院期间，“士子上课余暇教以读书之法，作文之法，多读诗书子书，陶融日久，受益良多”，所以就出现了“人文蔚起，科第绵绵”的景象，于是“书院悬匾曰：棠荫春风”。王舒萼先生当时在亲自为学生讲课，抽查学生之“功课程簿”的同时，除了如上所说的指导学生学习方法以外，他还注意培养学生的进取精神。尤其是在课程设置方面，他提倡以经史子集和自然科学为主。因之，平遥文风日振，学生受益良多，书院为之悬“棠荫春风”之匾，王舒萼遂成为远近闻名的一代名师。可以说，王舒萼对超山书院的影响，是清代晋商对传统教育影响的一个典型。

当时对超山书院影响较大的另一位商家子弟是徐继畬先生。当时，随着平遥商品经营和货币经营的迅猛发展，平遥商界力主恢复久废不用的超山书院，延聘名师，培养后代。经议定，超山书院由24家商绅组成董事会管理经营，书院“山长由绅士询访进士之有

山西平遥文庙超山书院前徐继畬塑像。徐继畬从咸丰六年（1856）起，主讲超山书院近十年。

品学者，禀请县尊送关敦请”。而当时的徐继畬正值青年，无论人品才学，还是官声资历，都是最佳人选。于是自咸丰六年（1856）起，徐继畬受平遥官绅延请，主讲超山书院，设帐授徒长达十年。其间，徐氏以其道德文章、渊博知识、诲人不倦的教学态度和具有民主色彩的教学方法，赢得受业门生及其家长的交口称赞以及平遥城商界的倾心仰慕。因此，乡邻各县的商民都纷纷把子弟送入超山书院受业，赁屋而居，听课批文。徐继畬言传身教，不仅授之以文化知识，更重要的是教给他们做人之道。不少门生后来或取得成功，步入仕途；或继承祖业，经商致富，均学有所成。

特别值得注意的是，晋商族人中还有一些人即使有机会做官，但他们也弃之不就，毅然决然地埋头于授徒讲学。民国《灵石县志》记载，静升商家王氏家族的王筵宾：“以明经受直隶州州判，持恭端慎，学问优长，蜚声庠序。”后来有机会从仕，但他“绝意仕进，教授生徒，学者皆奉为儒宗。诸弟子登贤书、食廪饩者踵相接”。而且，他勤学不倦，“暇则手一编，博览群书，音韵、算学、星经、地志，无不通晓”。榆次常氏家族的常麟书，于光绪二十九年（1903）

考中进士点任官职，授户部主事，但他毅然以“亲老”告归，开始兴办教育，研究经史、著书立说，作出了弃官从教的人生选择。常家的另一族人常旭春，曾授法部员外郎，也是辞官不就，后从事教育、学术研究和经营实业等。

众所周知，“学而优则仕”在传统的中国封建社会，是人们普遍追求的理想目标，即使是商人也摆脱不了“仕途”的吸引。王筵宾、常麟书、常旭春等晋商后人的弃官从教，虽然只是晋商当中的特例，而且也许还有别的更为复杂的原因，但无论如何，他们能够置官位而不就，毅然从事教育工作，其对教育的热心程度可见一斑。

二、教谕训导 主管文教

在设帐授徒和主讲书院的同时，还有一些晋商家族的族人担任教谕、训导等文教官职，参与传统文化教育的管理活动。代州商家冯氏家族的德敷公，其族谱记载他：“思以其学传诸人……选平定州训导……以教谕衔居是职，盖

在州二十余年，日与士子研讲经义……翕然弦诵之声溢里闬。”也就是说，德敷公在平定州任教谕二十余年，对当地的文风振兴产生了积极的影响。

《冀氏宗谱》记载平遥商家冀氏家族十一世兆晋公：“幼时，父与讲内则、少仪诸篇，怡然听受，疑难处即能辩问释焉……弱冠，游泮，益邃于经史子集，著有南华辨义、道德指南。晚年以岁贡司铎芮城，日与诸生讨论经传，严立课程，积数年，文风丕振。”从这则材料我们可以看出，兆晋公年幼时就在家接受父亲的教诲，青年时期又在学宫进一步学习传统传统文化，所以晚年“司铎芮城”时，一面与诸生讨论经传，一面严订课程，通过数年的努力，使当地的文风大振。

明清两代，族人担任教育官职的晋商家族中，最为典型、影响最大的是灵石静升的王氏家族和榆次车辋的常氏家族。

根据山西旅游景区志丛书编委会编写的《晋商文化旅游区志》记载，明清时期灵石王氏家族族人担任教育官职的主要情况如表 1：

表 1：明清两代王氏部分族人担任教育官职一览表

姓　名	朝　代	任教学校	教　职	
王时奋	明代	高平县学	训导	
王大化	明代	潞安府学	教授	
王辉祚	清代	宁武府学	训导	
王鸿儒	清代	壶关县学	训导	
王澍覃	清代	潞安府学	教授	
王会极	清代	宁武府学	教授	
王惟忠	清代	交城县学	教谕	
王恩福	清代	闻喜县学	教谕	

据程光、梅生编写的《儒商常家》一书记载，清朝至民国前期榆次车辋常氏家族族人担任教育官职的情况如表 2：

表 2：清朝年间至民国前期车辋常氏族人担任教育官职一览表

姓　名	朝　代	任教学校	教　职
常佑	1812—1873	曲沃县儒学	教 谕
常立屏	1844—1905	清正白旗	教 谕
范夫人（女）	1848—1914	常氏知耻女子学堂	舍 监
常立翰	1852—1922	榆次女子高校	校 长

常立教	1856—1919	榆次王村私塾	教 师
常立纪	1858—1926	黎城县儒学	教 谕
常立范	1859—1930	浮山县儒学	教 谕
孙夫人	1865—?	常氏知耻女子学堂	舍 监
常望春	1867—1906	常氏笃初学堂	经 理
常际春	1868—1924	常氏笃初学堂	经 理
常麟书	1869—1927	山西大学堂	中斋教员
常灏春	1869—?	常氏笃初学堂	教 务
常焕春	1870—?	常氏笃初学堂	庶 务
曹夫人（女）	1871—	常氏知耻女子学堂	舍 监
常赞春	1872—1941	山西大学	教 授
常旭春	1873—1949	山西大学	教 授
常培春	1874—1924	祁县塔寺小学	教 师
常运藻	1874—1942	榆次县女校	校 长
常麟图	1876—1933	榆次劝学所	所 长
常沛春	1877—1924	常氏知耻女子学堂	教 师
常宝春	1880—1937	常氏知耻女子学堂	教 师
常建春	1880—?	常氏知耻女子学堂	教 师
常浴春	1881—?	常氏知耻女子学堂	庶 务
常泽春	1882—1909	常氏知耻女子学堂	教 师
常蕴春	1883—1953	太谷农校	教 师
常瀚春	1884—1950	常氏笃初学堂	庶 务
常蔚春	1884—?	常氏知耻女子学堂	教 师
常咏春	1886—?	常氏知耻女子学堂	教 师
常凤集	1887—1961	榆次车辋村小学	教 师
常麟钰	1888—1964	榆次联校	教 师
常乃庆	1889—?	常氏知耻女子学堂	教 师
常凤禧	1890—?	榆次车辋村小学	教 师
常凤祺	1890—1952	榆次车辋村小学	校 长

还有的晋商族人，既做过教谕等职官，又亲自进行讲学活动。比如山西忻州的米兰田，据常赞春的《山西献征》记载："先世以业商致小康，父爱读书，先生遂奋志于学。十九岁为诸生，逾年，赴省肄业晋阳书院，田京卿雨公主讲席，为文章名宿，颇重先生。光绪壬午，省垣开令德堂，以课各属高才生，先生入令德堂即着文誉。"有了这样的基础以后，他后来"做过临县教谕、垣

曲训导。庚寅成进士，辛卯主崞县书院讲席，后又做过太谷书院讲席。庚子间，又做忻州书院讲席。壬寅改学堂，先生充总教”。商家出身的米兰田，既做过教谕、训导等教育官职，又在多所书院担任过主讲。

明清时期晋商家族的许多人，或教授于乡里，或主讲于书院，或任官于教育界，他们通过不同的方式和途径，积极从事着当时、当地的传统教育活动，这无疑对明清时期山西传统教育的发展起到了一定的积极作用。

三、收藏图书　保存文化

学者林大雄先生在他的《传统中国商人的文化洞察》一书中曾说：“儒士从商，结果抬高了商人群体整体地位，而且也把正统思想或多或少地带入这个群体，使商人与传统文化的结合度更为提高，也使商人的文化素质有所改善。商场上的书卷气也日见浓厚，比方说，由儒转贾或虽贾而慕儒的富商，往往热衷于斥资刻书。有正儿八经的经典，也有通俗化的读物。”林先生所说的这种情况，在明清时期的晋商当中也普遍存在。

常家族人常维丰，“以古图书、古碑碣自娱……自六经史汉而外，以及稗官诸说部，言之皆娓娓动听……中年后养疴家中……犹卷不释手如少时事。更好读所未见之书，偶遇诸目，即不惜重价购之。所居图左史右，琳琅满架……编有目录，序次有法。”

可见，常维丰不仅很爱读书，而且对家中大量的书籍还能够严谨地分类珍藏。常家还有一族人常立爱，“藏书多为史学、理学等，且究数学”。可见常立爱也有一定的藏书。族人常立屏“学问渊博，凡家藏善本，不惜购以巨金，所居室备储四部各书”。显然，常立屏也是一位藏书家兼学问家，且在购书方面不惜重金。常赞春也酷爱收藏古籍，所以后来才能捐赠县学堂经、史、子、集多种。《刘氏宗谱》记载洪洞商家刘氏家族的午庄公：“修义学，葺祠宇，捐学宫……生平无他好，惟积书万卷。”

《代州冯氏族谱》记载商家冯氏家族的族人冯伯高，其家因在京都及本邑设有店铺四所而富有，“家故富藏典籍”，是一个富有藏书的商家。还有清朝

晋商藏书，反映晋商重教的一个方面。

太平县商人刘笃敬（1848—1920），曾在本村建有一座藏书楼，内有古籍图书、名人字画等等，藏书颇丰。太谷县人赵昌燮（1877—1945），字铁山，其祖籍经商，家产丰厚。铁山既是书法家，也是藏书家。张正明先生在《晋商与经营文化》一书中写道："赵氏是藏书世家，其父赵维周即喜收藏古籍，一生节俭，唯购书毫不吝惜，所以藏书丰富。到铁山时，所收集之书更多更精，并喜求名人精校善本，其善本书有唐开元《石经》、明版《太平御览》、明汲古阁仿宋陶诗、殷版二十二史、聚珍版善本书多种。"

在藏书方面最为典型的晋商是灵石人耿文光。耿文光曾经承先人遗产经商有成，家道丰殷，为富庶之户。衣食之外，他便寄情于文章典籍，奔走于书铺与书肆之间，同时交游天下文士。张正明先生在其《晋商与经营文化》一书中，是这样叙述耿文光的："游则荡思八荒，守则虔心一意，吟咏取乐，攻守自如。"耿文光在"万卷精华楼"著录的珍本图书竟多达两千余种，而且每种都标明书名、作者、版本、序跋、采书背景、学术源流及其得失利弊。值得注意的是，耿文光对于藏书深有研究，在这方面他曾著有《目录学》《仁静堂书目》《紫函书目》《苕溪渔隐读书谱》和《万卷楼精华藏书记》等。桑良之在《十大商帮与藏书文化》一文中指出："耿文光的目录学研究在中国目录学史上是一块丰碑。那时目录学研究刚刚萌生，专著几无。他对图书的处理加工技巧作了深入探讨，在理论与实践上发展了目录学。”在当时的中国社会，作为一个富商，在一个家道富厚、积银千万的环境里，能够不为世态所惑，不为功名所诱，安然自守，乐于藏书，乐于读书，乐于钻研图书，积学如此，实在是难能可贵的。

商人利用积聚起来的财富，积聚文献、字、画，修建藏书楼与书房，这其中固然有商人附庸风雅的目的，但是通过藏书让子弟接受教育也是题中应有之义。藏书目、读书是子孙们的阳光大道，是商人们自己修身养性之本。中国有句格言：“财润屋，德润身。”读书修身，经商之道。尤其不能否认的是，商人的藏书，将金钱资本转化为知识资本，有力地促进了文化和教育的发展，这是客观事实。

除藏书以外，晋商中还有一些人从事著述活动。比如，平遥商家冀氏家族的十一世兆晋公，曾著有《南华讲义》《道德指南》等。再如，常氏家族的常麟书、常赞春等，也有比较多的著述。这些都为人们的读书学习提供了一定的便利。

明清时期的晋商，或在民间设立初级的教育机构，或捐资书院、官学，或从教，或管理，或藏书、著述以供人们阅读，他们以不同的形式从事当时山西民间的传统教育活动。可以说，晋商对山西明清时期传统教育的发展，起到了一定的推动作用。至于晋商积极投身传统教育的原因，林大雄先生在《传统中国商人的文化洞察》一书中指出：“传统商人发财之后，多不自安。天道均平，总是损有余而补不足。在这种观念作用下，他们往往害怕自己因暴得富贵而于己有损……于是，散财施仁，大兴义举。义举种类繁多，赈饥、弛逋（免除欠债）、助葬、施棺、掩骼（收殓无主尸骨）、设渡（免费服务）、修桥、筑路、兴学等等。”林大雄先生的观点是对传统中国商人努力襄办传统教育的一个普遍的解释，具体到晋商，则还有一个很重要的原因，就是晋商对传统教育的深刻体味。晋商或早年接受过传统教育的影响，或在经商实践中对儒家伦理道德有更深刻的了解，所以，便形成了较为自觉的兴办传统教育的意识。

第八章

改造家塾 走出国门

从现代社会现象看，追求时尚的往往是思想开放的有钱人。由于家庭经济的支持和对教育的重视，晋商子弟多从小饱读诗书，长大后思想活跃，易于接受新事物。所以在当时，有条件追求时尚的莫过于商人。鸦片战争后，清政府中部分有识之士纷纷提出“学西学，改教育”的主张，作为富甲一方的晋商也积极响应。他们走出国门，见识和汲取西方的文明，引进西方的文化，当然包括西方的教育理念和教育模式。他们不满足于传统的教育，改造家塾，办新学堂，倡导女子公开接受教育，对山西近代的新式教育进程起了推波助澜的作用。

第一节 新式的教育观念

鸦片战争后，受西方文化的冲击和影响，西方的教育理念也开始在中国浸透。晋商是首先接受和推广新式教育的民众，从国家和民族利益出发，他们认识到要使国家富强，必须走兴教育、开民智的道路。因此，他们对以科举制度为代表的封建旧教育提出质疑，倡导树立新的教育目的，强调培养实用型人才。

清朝末年，晋商家族中的好多人出门经商，有的甚至涉足海内外，开阔了视野，增长了见识。因而，其观念和思想也发生了较大的变化。

关键词：学用一致 富国强民

鸦片战争以后，以儒家思想为核心内容，以科举取士为终极目标的封建旧教育受到挑战。清政府当中的部分有识之士纷纷提出倡导西学、改革教育的主张。光绪二十四年（1898）“戊戌变法”以后，清政府迫于内政外交，对封建旧教育进行一系列的改良。据《清朝续文献通考》卷十《学校考·学堂》记载，光绪帝于光绪二十四年发出上谕：“各省府州县现有之大小书院，一律改为兼习中西学之学校。至于学校阶段，自应以省会之大书院为高等学，郡城之书院为中等学，州县之书院为小学。其地方之社学、义学等，亦令一律中西兼习，以广造就。”同年九月，山西巡抚胡聘之奏请准将令德堂改为山西省省会学堂，按中西大学堂章程，中西并课。山西教育的近代化正式拉开序幕。

作为山西民众，对新形势的认识和适应最快的群体莫过于晋商。在“废科举，兴学堂”的过程中，晋商特别是晋中一带商人家族中的有识之士，顺应时代潮流，从四书五经中走出来，以其勇于开拓创新的远见卓识和雄厚的财力作后盾，积极投身于新式教育活动，他们或改造传统的学塾教育，或率先创办新学，或走出国门、出洋留学，为山西近代新式教育的发展作出了表率。

一、学用一致 强调务实

随着西方资本主义国家科学技术和文化的传入，清朝末年，中国的传统教育受到了很大的挑战，尤其是传统的教育目的观，即为科举应试而培养人才的观念受到了强烈的冲击。一方面，科举制度面临着改革和废除的局面；另一方面，社会的发展又需要新型的人才来适应和推动。

在这样一种历史背景下，对于地理区域相对封闭的山西人来说，较早具有敏锐洞察力的是晋商这个团体。尤其是当时山西一些票号的东家和总经理，他们深知“从古兴衰之别，在乎用人”，充分地认识到人才的重要性。

曾被誉为“山西票号改革家”的李宏龄就是当时晋商团体中的一个典型。在长期的票号经营过程中，李宏龄充分认识到人才对于商业成功的重要性，他在《山西票商成败记》一书中深有感触地说：“得人者昌，政界固然，商界何独不然！……统观始末，其成败得失，皆系乎人，人存则举，人亡则废，凡事皆然。”在这样一种认识基础上，李宏龄就郑重其事地建议票号东家以“留意人才、培养人才、挑选人才、鼓励人才”为第一要义，念念以号事为重，本大公无我之心，行至公无私之事，绝不任用私人，则人才自出，而号事认真矣。号事认真，必无不兴旺之理。

在这里，李宏龄是直接从票号的经营角度来谈人才的重要性的，也就是说，他主张培养的是实用型的人才，这显然有别于传统旧教育

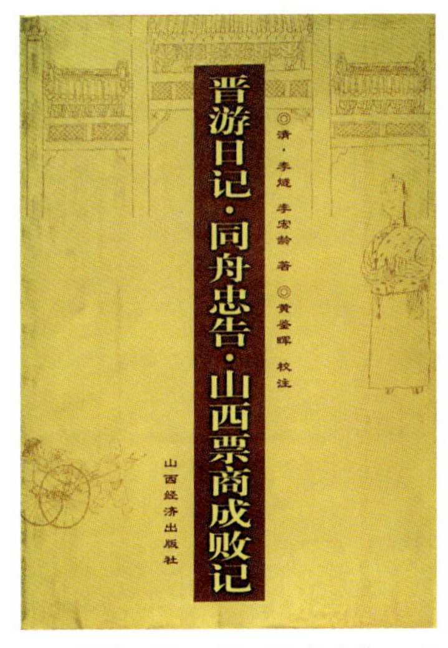

◎《晋游日记·同舟忠告·山西票商成败记》书影。

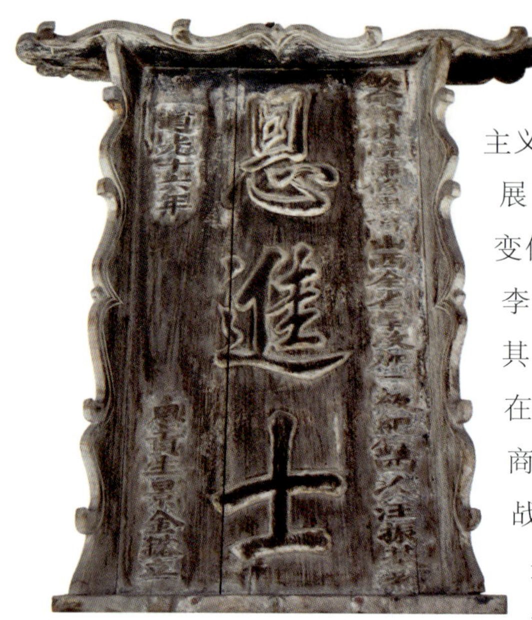

的人才观。到辛亥革命前夕，李宏龄任蔚泰厚执事。当时，帝国主义列强的侵略以及国内铁路交通的发展，使整个经济形势较以前发生了重大变化。面对商务活动日新月异的局面，李宏龄积极建议改革票号内部的制度，其中之一就是“设学堂，以培养人才”。在《同舟忠告》中他写道：“自五口通商以来，明为中外两益，实则开一商战世界。各国通商，必须语言文字相通，方能便于办事。国家所以设立学堂，实因外交而起。”也就是说，李宏龄清楚地认识到，当时各国所以设立学堂，都是因为对外交往的需要。因此，山西的同行商人也应该注重及时培养能与各国开展业务往来的人才。于是，李宏龄建议总号：“亦须培养人才，择年少才美者数人，或送学堂学习三年，或同仁公立学堂延请教习，俾各号各码头皆有一二通习各国语言文字之人，则不但华商可交，即洋商亦可交易。况时局变动不测，万一再有意外之事，有一二通洋文者，更可保持全号，不较之携账而逃又高一筹乎！”

与此同时，李宏龄甚至建议票号系统应当自办学堂，教习各国语言，以培养自己的管理人才和业务人才。由于各种更为复杂的原因，李宏龄的建议未能及时实行。正如葛贤慧在《商路漫漫五百年——晋商与传统文化》一书中所说的那样：“李宏龄所倡导的同仁公立学堂，延请教习，并学习各国语言文字等，在平遥没能及早施行，而在祁县、榆次等地却在家塾私学的基础上，顺应时代潮流，预为筹措变革，及时付诸实施了。”

但是，值得注意的是，李宏龄建议票号培养自己的外语人才和管理人才，不是去当洋商的买办，而是为扩展票号业务，巩固票号基础。显然，他是从票号业务的扩大、从晋商发展的角度来建议培养人才的，把培养选拔使用人才作为振兴商务的当务之急。这就充分体现了李宏龄的新型人才观，即实用型的人才。而这种人才的培养，所需要的教育无疑是有别于传统旧教育的，是一种新型的实用型教育。可以看出，实用教育的观念在当时的晋商中已经产生。

《解梁孙氏族谱》记载，清末民初之际，山西解梁商家孙氏家族的族人文靖公，曾经对他的儿子晋陛说道："办教育无他法，首在定宗旨，求实用，勿令所学非所用也。"也就是说，当时晋商家族内部在教育方面，也注重实用，强调学用一致。据民国《灵石县志》记载，灵石县商人耿争光曾经明确地提出："国家富强之基在乎提倡实业，而实业尤以开矿、植树为重要。" 所以，他后来就把他的儿子耿步蟾送往英国学习矿冶科。耿步蟾回国以后，曾在山西省从事实业教育活动。到民国时，还担任山西省政府委员兼实业厅厅长。很清楚，商人耿争光在当时已经形成了明确的实业教育的观念。

二、富国强民　教育为要

还有些晋商族人在外出学习的实践和经历中，深切地感受到"国弱民受欺"的道理，并且进一步认识到，要使国家富强，就必须走兴教育、开民智的道路。

榆次常氏家族的常麟书（1869—1927）在青年时期，因其才学受到了时以户部尚书主管国子监的大儒翁同龢的赏识，被选入国子监南学深造长达七年之久。在京期间，他除大量阅读经史典籍外，还接触到不少近代思想家的书籍和各家报馆的报刊文章。阅读魏源的《海国图志》和徐继畬的《瀛环志略》后，他对外部世界有了新的认识；阅读《申报》《民报》《瀛环通报》《格致汇编》《万国公报》等报纸杂志，使他对西方的资本主义民主、社会、政治、科技、文化等有了进一步的了解。从此以后，常麟书便对西学发生了兴趣，"潜心西洋诸史"，"弃筹算而习代数"。与此同时，朝政腐败、外患不断、国运衰微、民生凋敝的现实，使他非常担忧。在维新思潮的影响下，他在忧愤中审视时局，以振兴国家而自励。常麟书从严复翻译的《天演论》中接触到进化论的思想；从梁启超的《变法通议》等文章中感受到变法的思想。其中，梁启超的"夫变者，古今之公理也"的变法思想，"国家富强的根基在于文化教育"，"开民智为

第一义”，“亡而存之，废而举之，愚而智之，弱而强之，条理万端，皆归本于学校”等革新教育的观点使常麟书感触颇深，产生了强烈的共鸣。他冷静地认识到：要挽救民族危亡，争取国家富强，只有通过变革。而欲变革中国，必须先改变国人愚昧落后的思想。欲唤醒沉睡的国人，当务之急便是革新教育。于是，很快萌发了“教育救国”的思想。这也是他后来坚决辞去朝廷授予的“户部主事”之职，毅然以“亲老”告归，返回家乡投入教育活动的思想基础和重要原因。所有这一切，都为他日后效仿西方资本主义国家的教育制度，兴办新式学堂，提供了理论指导和思想铺垫。

祁县巨商渠氏家族的族人渠本翘，于光绪二十九年至三十年（1903—1904），以清政府外务部司员的资格被派驻日本任领事，这一年，可以说是他思想上最激烈动荡的一年。在日本期间，他了解到日本和西方一些先进国家的情况，对比之余，他深切地感受到了祖国的落后。他进一步认识到，国家要强盛，必须发展教育，学习西方的近代科学和技术知识为本国所用，必须通过教育和实业强国富民。显然，晋商渠本翘也产生了“教育救国”的愿望。而且，他于次年从日本归国后，便放弃从政，转而从事教育和近代企业，在晋商当中产生了很大的影响。

可见，随着时代的发展，在晋商当中确实产生了实业教育、教育救国等新式的教育观念。这些新观念的产生，在反映清末教育改革和发展趋势的同时，更体现出晋商在教育观念上的变革。

第二节　积极地改旧从新

明清时期的晋商在冲击传统教育、推崇新式教育的活动中，有许多具体举措。他们走出国门游学取经，回国执教推旧出新；投入大量资金改造家塾，兴办新学，并管理和任教于新学；更新教育内容，倡导女子接受教育。所有这一切，都为新式教育在中国，尤其是在山西的发展起到了不容忽视的作用。

关键词：学堂　女教　留学

清朝晚期，随着新式工业的发展，当时的洋务派和维新派提出了废科举、办新学的主张，中国教育史上出现了新式教育活动。在维新思想影响下，山西商人，尤其是重视教育传统的晋中一带的商人，从清朝末年至民国初年，便积极投身于新式教育的实践活动中。

一、改造家塾　更新内容

晋商家族及其族人积极从事新式教育活动，首先表现在对传统家塾教育进行一定程度的改造。

光绪二十九年（1903），常氏族人在常麟书的倡议和说服之下，率先实行教育革新，把全族各家的17所私塾合并，“由族长主持，利用家族公产，创办族塾，吸收本族子弟二十余学习”。并于当年夏天成立了“常氏私立笃初小学堂”，由常麟书亲自总理教务。“笃初”二字的含义，取自《中庸》的“博学之，审问之，慎思之，明辨之，笃行之”。这是榆次县第一所新式私立小学堂，在全省范围内也属成立较早者。

光绪末年，代州商家冯氏家族的族人季修公，成立冯氏子弟学校。冯氏族谱中记载说：“光绪末，学校议兴，先生慨然悉其资，立冯氏小学校。”使得冯氏子弟都能够在学校读书。

当时，晋商族人改造家塾的主要表现之一是对教学内容的变革。祁县乔

山西省祁县中学校大门。

氏家族，在清末民初，对于家塾的课程，在原来四书五经的基础上，又增设了文史、数理化和英语等课程，并且不惜花重金聘请相应的教师来为子弟授课。随着清末西方科技文化的传入，祁县的渠氏家族深感数学、化学、物理等学科具有重要的实用价值，于是，便延请具有这方面知识的教师来为其子弟授课，期望子孙后代在未来能够得到更好的发展。

在增设数理化、英语等新式课程的同时，晋商家族还提倡女子进入家塾接受教育。祁县乔家在清末民初时，由乔致庸的孙子乔映霞执掌家事，首开女子入学的先例，令其女儿、媳妇都到私塾去读书。与此同时，乔家一改以前不外出就读之陈规，还创造条件并鼓励族人外出求学，有的子弟在家中完成中学课程后，便外出考大学，大学毕业后再留学深造。榆次常氏族人早在晚清时期，就创造条件鼓励子弟走出家院，走出斋门，增长见识。据有关资料介绍，常立方、常立经就曾外出远游。常赞春先后四次赴曲阜谒圣，以开阔自己的视野，汲取中华文化的营养。族中子弟只要外出，常家就尽一切可能给他们创造条件，予以支持鼓励。

课程的改革，使得教育内容突破了原来只读四书五经的局面，增加了近代的自然科学文化知识等内容。而允许并且鼓励女子进入私塾学习，则体现出男女教育平等的意识。所有这些变革，都是适应清末新式教育改革和发展的趋势的，其科学性和进步性是不言而喻的。而且，这些改革发生在清朝末年晋商家族内部的家塾教育当中，其意义和影响非同小可。

二、举办学堂 树立典范

(一)举办学堂，慷慨解囊

只有新式的教育观念，如果经济能力达不到,也不可能将诸多想法付诸实施。而晋商家族，在长期的经营和积累下，到清朝末年，大多财雄天下，富甲一方，具备相当的兴办新式学堂的经济基础。典型的如榆次常氏家族,祁县渠家、乔家等，而正是这几个晋商家族的族人，在清末民初山西的新式教育中最为活跃。

祁县富商渠氏家族中的渠本翘，于光绪三十年(1904)同祁县乡绅、商界人士计议,筹集资金，将祁县城内原昭馀书院旧址改办为祁县中学，并附设蒙养学堂。他们呈报山西省巡抚，呈文很快得到批准。随后，他们多方努力，积极筹资，次年二月祁县中学堂正式开办，首开全区中学教育之先河。按时序排列，名列全省第十。

渠本翘的侄儿渠晋山(即渠仁甫)，继承父辈既经商又从文的家风，在妥善经营渠氏商业的同时，于民国八年(1919)出资两万两白银，在祁县城内创办了私立竞新小学校。

榆次常氏家族的常麟书，积极从事新式教育活动。他四处奔走，一手策划，于光绪三十一年(1905)将榆次县凤鸣书院改为凤鸣学堂，同时成立速成师范，并出任堂长，从而开创了榆次官办新式教育之先河。为了解决新式学堂的师资困难，光绪三十三年(1907)，常麟书又创办了榆次速成师范学校，并亲任校长兼总教。

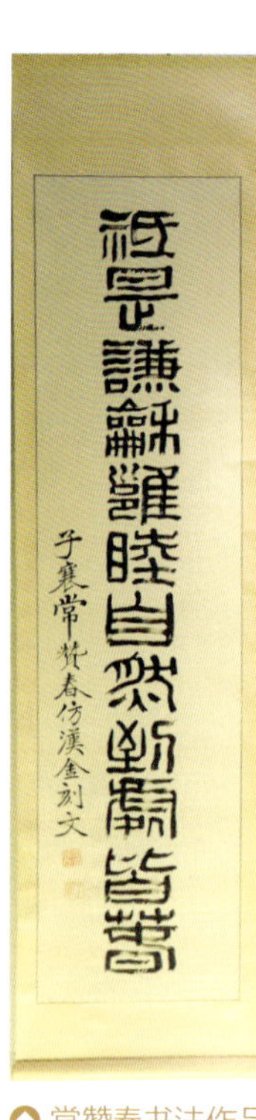
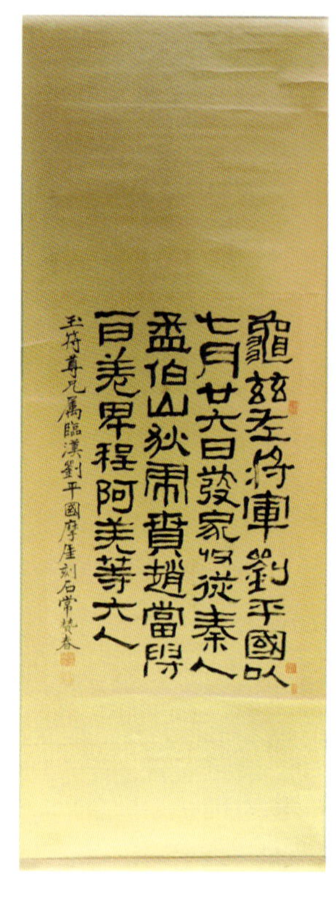

常赞春书法作品。

选拔凤鸣学堂毕业生中年龄较大、学习成绩较优者入校学习。这是榆次县最早的一所师范学校，为普及国民教育培养了师资。

光绪三十二年（1906），常麟书兄弟又在常氏家族办的“笃初小学堂”基础上增设中学部，呈报山西提学使审批立案，后来又正式定名为“常氏私立中学兼高初两级小学堂”，分甲班为中学部，乙班为高小部，丙班为初小部，学生六十余人。课程依钦定学堂章程授课，增聘英语、科学教师数人。这是榆次市第一所私立中学，也是全省当时唯一一所私立中学。

在常氏另一族人常赞春的积极倡议下，光绪三十三年（1907），车辋村成立小学堂。清朝末年，常氏家族的常望春等人在其设立的蚕丝局、织布局为职工设立文化夜校，这应该算是山西近代设立夜校和职业技术学校的开始。

乔映霞的六弟乔映璜，曾任村长，在本村建立学堂，并鼓励子、媳都去上学。

适应当时兴办学堂的趋势和潮流，太谷曹氏家族也于民国初年将族中私塾改组为“三多堂私立小学”，为太谷一带普通教育的发展打下基础。到民国十九年（1930），三多堂私立小学与本村的男子初级小学、女子初级小学合并，改为公办。

民国九年（1920），祁县富商阎维藩自筹资金在本村创办了一所新学堂，占地面积 4200 平方米，聘请师范学校毕业生任教，成为祁县一流的小学校。

民国二十年（1931），时任山西省商业联合会主席的宋启秀和时任山西省教育会常务理事、太原阳兴中学校长的教育界名人张聘珍，鉴于工商界急需人才之现状，创办山西私立魏榆商业学校，从省内外择优聘请学有专长的大专以上毕业生任教。学校学制三年，每年招收一个班，开设课程有簿记学、会计学、审计学、货币学、商业、算术、语文、英语、珠算、地理、历史、公民、体育（包括武术、军训）。

民国期间，灵石县商人耿争光，曾经在本县道美镇设立新式学堂。民国《灵石县志》记载说：“公以道美忝列四镇，是不可使独无高小校。爰集近里绅谋，佥曰，若道美设学自公始，十年来由斯校升学置身政学界者盖比比也。”同一时期，榆次商人宋继宗支持其弟宋启秀在榆次北关寿安里，开设私立商业职

山西太谷中学旁的文庙大成殿。

业学校，征购地皮，修建校舍，延聘思想进步、学识渊博的史克让、范新三等名师任教，不仅培养出新式会计人才，开了榆次私人兴办职业教育的先河，而且职校毕业的学生有些参加了抗日战争和解放战争，成为建设新中国的骨干。

可以说，清末民初这一时期，晋中一带的晋商所创办的新式学堂如雨后春笋，层出不穷。而且，从其学堂的级别上看，既有初等教育阶段的小学堂，也有中等教育阶段的中学堂。从其学堂的类型上看，既有普通教育机构，又有师范教育、职业教育等机构。从其学堂的性质上看，既有私立学堂，又有民办学堂。

（二）同行领先，树立典范

特别值得一提的是，这些新式学堂的建立，为当时山西普通教育的近代化树立了典范，尤其是常家的笃初学堂和祁县中学堂。

首先，这两所新式学堂在创办的时间上是早于同类学校的，因而具有领先意义。

早在光绪二十九年（1903），常氏家族就将所有家塾合并成立“常氏笃初小学堂”，这个时间比榆次县官办学堂的建立还要早两年，比清廷宣统元年（1909）颁布《初等小学堂章程》早六年。另外，根据刘志勤主编的《近代中国文化变迁录》第二卷的记载：“1904 年 7 月，江苏学务处委员沈乾仪在川沙镇首创私塾改良会，上海、天津、北京相继设立同类团体，掀起清末改革私塾教育之风，最终促使清廷颁布有关法令，全面改善各地私塾，将私塾这种数量最大的传统教育组织纳入新式教育的轨道之内。”“直到 1907 年，在清末各省学堂教育最发达的直隶，各府州县官、私立两等小学虽已设立，而与私塾比较，尚不敌其十分之一。” 据此可以看出，常氏家族的笃初学堂丝毫不落后于当时京、津、沪和直隶等发达省、市私塾改革的进程。常氏族人后来又在笃初小学堂的基础上增设中学堂，这又是当时全省唯一的私立中学堂，经报省学政审批立案，正式定名为“常氏私立中学兼高初两级小学堂”。这所私立中学比太原平民、山西平民（夏县）、太原山右、太原新民、太原进山等著名私立中学早建十六年。另外，光绪三十一年（1905）设立的祁县中学堂，在当时也是山西省较早的新式中学堂之一。

山西平遥文庙超山书院外景。

其次，除了在时间上领先外，更为重要的是，这些新式学堂在课程设置、教师配备和选择、教学与管理上，都为山西教育的近代化树立了典型和样板。

在课程设置上，笃初学堂初办时，就开设了“经、史、文、算”四门课，其教材分别是 :“经”用的是《诗经》;“史”使用《史鉴节要》和常麟书亲自编定的《外史歌略》;“算”用笔算数学 ;“文”则由教师选录。后来又增设了天文、舆地和文艺三门课程，教材都是由常麟书亲自编定的。光绪三十二年（1906）起，课程又改为国文、算术、修身、图画、历史、地理、体育，同时增设英文和科学，使课程设置更为齐全，而且进一步科学、准确。祁县中学创建后，课程的设置也完全改观了。最初，设置了十二门课程，有修身、读经讲经、中国文学、外国语、数学、物理、化学、历史、地理、博物、图画、体育等科目，给学生传授一些比较现代的文化科技知识。

很清楚，笃初学堂和祁县中学堂的课程设置，门类比较齐全 : 既重视社会科学，又重视自然科学 ; 既关注本国国情，又兼顾各国历史知识。从具体

内容上看，是文、理皆备；从对学生素质的培养来说，是德、智、体、美、兼顾。虽然仍开设有经学课程，但毕竟已打破了经学教育一统天下的局面，在教学中增加了数、理、化、外语、博物、科学等课程，尽管某一些科目的内容还不够完善，但是毕竟属于现代社会科学和自然科学的基础知识内容，而且注意到对学生进行科学知识的传授，这的确是一大进步。

与授课紧密相关的是教材。当时，笃初学堂和祁县中学堂由于在教学内容方面增加了近代性的科学知识，此类教材的供应就成为比较棘手的问题。为此，他们都有相应的办法和措施。

在祁县中学，渠本翘、李光启等人从北京、太原等地借回那里翻译引进的现代课本，让教师和学生抄，以供教学使用。

而常赞春在笃初学堂任教时，也经常赴北京等地为学堂采购书籍。特别值得一提的是，在笃初学堂负责实际教务的常麟书先生，在忙于教学的同时，还凭借自己厚实的知识功底和广博的文化储备，于光绪三十二年（1906）给学堂编写了历史教材——《外史歌略》，以便学生能够全面地了解世界各国的历史。本着“聚吾民四百兆之精神，振我国数千年之政教，在己则兴利除弊，于彼则弃短取长”的编写意图，《外史歌略》“自环瀛有国之始，迄于甲午戊戌之变，盖于略示”，将世界五大洲几十个国家的地理环境、历史沿革、人文风俗及重大事件作了简介，其中还特别记述了西方列强对中国的侵略历史。为了开阔学生的眼界，使学生能及时了解到国内外的形势，笃初学堂后来还购进《天演论》《地球韵言》《莎士比亚故事》《伊索寓言》及全套林琴南的翻译小说等，并且长期订阅《大公报》《京报副刊》《东方杂志》《教育杂志》《少年杂志》《儿童世界》《儿童画报》《小朋友》等报刊，还有成套的幼年文库丛书，以扩大学生的视野，增长学生的见识。

在确定了教学内容和解决教材的基础上，这两所学堂还很注重教师的聘用，为此不惜花费重金。当时的常氏笃初学堂除了少数课程的教学由本族内有专长的长辈承担以外，其余“教师由阖族集资重金聘请外地教师授课”。民国年间，常家又从已经减少的商业盈利中拿出钱来办教育，聘请当时有名的教师开办新学课程。

祁县中学在创建时，聘请到的教师大都为头顶举人、秀才称号的儒学文人。他们教古籍、写毛笔字、讲中国历史或诗词格律，都是高手，但对数、理、化等课程，却是一窍不通的门外汉。为解决这一难题，渠本翘亲赴京、并、沪等地，请来数位数、理、化和体育教师，其中从浙江请到的一位理化教师，渠本翘竟同意支付月薪100银元的天价。同时，他还以高薪从北洋大学请来英语教师，从山西大学堂聘请数理教师。

在教学管理与组织方面，常氏笃初学堂注意学习西方国家的经验，改旧的教学体制为班级授课制。“定诸生优者为甲班，次者为乙班，最稚者为丙班。”根据学生的实际情况，分类排队，区别对待，分层培养。这样因材施教，注重个性发展的教学，大大提高了教学效果。同时，还讲究教学组织的形式。比如，笃初中学堂成立后，分甲班为中学部,乙班为高小部,丙班为初小部。高小实行单式授课，初小实行复式授课。这在当时的山西都是比较先进的做法。

总之，以常氏笃初学堂和祁县中学堂为例，我们可以看出，在清末民初晋商所办的新式学堂中，其教学内容方面突破了过去数百年只读儒家经典的桎梏，在继承传统的基础上，引入西方现代文化学科，增加了一些自然科学的知识，使学生开始由死读书向经世致用的方向发展，这是课程设置上的重大改进。同时，这些学堂还积极配备新式教育的教材和师资，为此甚至不惜花费重金，使新式教育内容的传授落到实处。另外，他们在教学方法和学生管理等方面都做了有益的尝试，如采用班级授课制，将学生按学习程度分班，有针对性地进行教学等等，以保证新式教育教学的效果和质量。所有这些改进和做法，都是走在全区、全省前列的，为山西省新式学堂的兴办起到了先驱和表率的作用。因此可以说，晋商举办的新式学堂，对近代山西新式教育的产生具有积极的启蒙作用，为后来山西新式教育的发展打下了基础。

三、倡导女教　首开风气

清朝末年，女禁未开，女子公开受教育更是不敢想象。但是，让人佩服的是，视野开阔、富有远见的晋商却能在这个时候认识到女子受教育的重要性，他们创办女子学堂，鼓励女子学文化受教育。

光绪三十一年（1905），榆次车辋村的常沛春等人在榆次创办常氏女子小学堂。根据《常氏家乘》的记载，当时由常氏家族十四世常沛春、常泽春和常建春等人发起，利用十三世北常常立德宅院的西院创办“常氏女子知耻学堂”，以常浴春司庶务，其族人担任教员，因“女生男授”，为“解虑隔阂”而聘常立仁妻范氏任舍监，常立敬妾孙氏及张氏、常氏等分任幼稚舍监。对此，清末文人刘大鹏在其《退想斋日记》中也有相应的记载：“有人言，此村之北八里许车辋村，前月设立女学堂一所，女学生不一，有女、有妇，凡十余人，年皆十七八，教习为某孝廉、某生员，皆未三十岁，所教皆效洋人之法，衣服亦效洋人之装饰，人多羡慕其所为，而不以为非。”

常氏族人创办的女子学堂，在当时是山西省最早的一所女子学堂。他们把这所学堂定名为“常氏女子知耻学堂”，其办学的宗旨是包含在其中的。正如程光、梅生在《儒商常家》中所说的那样：“关于‘知耻’二字的寓意，直接的理解似乎仅止于使族中女子通过读书识字，以知失礼之耻和失节之耻。但其实它的真正的含义远非如此，而是要一反‘女子无才便是德’的传统观念，使家族女性经过学习多方面的新知识，不仅注重个人的品德修养，同时树立做人的尊严，提高自立的本领，以便在人格和能力上都可以自立。应该说‘知耻’的真正目的是使族中女子既知无德之耻，更知无才之耻，从而成为新时代的独立女性和新式家庭的贤妻良母。”从这里，我们可以看出，常氏家族举办女子教育的目的，是从本质上有别于传统思想的，是要让常家女子真正受到新式的教育和影响的。

常氏家族规定，常家的女儿和结婚后尚未生育子女的媳妇一律到学堂就读。后来，因为前来求学的人数逐渐增多，一些外族女子也进入学校，于是就将学生分为甲、乙、丙、丁四堂进行教学。常氏女学的课程，据民国版的《榆次县志》记载：“功课初习家事及作文、习字、算术，渐乃择增科学。”此外，还学“修身”。可见，其教学内容不仅有传统的读书、习字和作文，而且还有实用意义的算术和自然科学，后来又增加了体育、美术、音乐、家事等等，同时还要学生学习绣花、钩织等女红的一些基本技能。

担任常氏女学教员的是常氏家族的博学之士，如十四世常赞春、常第春等人。常赞春除讲授经史诸旧学之外，还亲自为学生讲勾、股、弦等格致知识。除家族成员任教外，常氏女子学堂还聘请太原第一师范和国民师范中年轻有为、思想进步的毕业生执教，这更能显示常家女子学堂的近代意义。这所学堂还要求学生一律着统一的校服。可见，常氏知耻女子学堂是一所比较正规的学堂，而且从内容到形式均显示出其近代和新式的意义。常氏知耻女子学堂后来被并入车辋村公立女学。

常氏知耻女子学堂的兴办，首开山西女子公开接受学校教育之风气。众所周知，在中国古

◎《儒商常家》书影。

山西榆次常家庄园雕花墙上的楹联："志业常探韦编义，经济实籍英雄姿。"

代历史上，女子从来不被人重视。几千年来传统封建思想根深蒂固，“女子无才便是德”，禁锢了包括女子在内的人们的思想，这样，女子接受教育的权利就被自然而然地剥夺了。地处内陆的山西更是如此。正像许瑞凤在《“常氏知耻女子学堂”的创建及其在山西女子教育史上的地位》一文中所言：“即便是少数官宦富商家族的女子能读一点书，也仅以《孝经》《列女传》《女训》《女诫》为主，专门为女子兴办学堂绝无可能。”而在清末的山西，榆次常氏家族却于光绪三十一年（1905）创办了女子学堂，这在山西省是绝对处于领先地位的。因为，在此之前，除了外国教会创办的女子学堂外，整个山西境内还没有专门供女子读书的学堂。根据 1911 年《山西全省财政说明书》的统计，清末山西共有 8 所女子学堂，但就这些学堂创建的时间来看，都晚于“常氏知耻女子学堂”。特别值得注意的是，在常氏女学创办的两年之后，也就是光绪三十三年（1907），清朝政府才正式颁布女子新教育制度。因此我们可以毫不夸张地说，“常氏知耻女子学堂”的兴办，首开女子公开接受学校教育之先河。

在常氏女学的带动和影响下，山西很快出现了一批女子学校。而且，这些女子学校的创办多有晋商族人的投资或积极参与。比如，出身商贾世家的孟步云在当时就发起妇女解放运动，提倡“天足”，冒天下之大不韪，奔走呼号，率先于光绪三十二年（1906）在隰州成立女子学堂，后来又在省会太原继续开办。同年，太谷阳邑东里村富商乔穆卿在本村开办女子学堂，对此，刘大鹏在其《退想斋日记》中曾记载：“榆次车辋村去冬设立女学堂，本月太谷东里村亦设立女学堂，闻皆二十余岁之妇，其小者皆十六七之女，充教习者为男子。此风一开，则男女有别之道并不讲也。”再如，宣统元年（1909），由商人渠本翘等集资，商人出身的孟步云具体筹办，在祁县东门外创办了县立女子两级小学堂，开全区女子公开读书之先河。民国初年，灵石静升巨商王家二十二世王修齐，冲破世俗阻力，在恒贞堡脚下的怀远堂开办了女学。民国七年（1918），由祁县商人乔景俨等集资、商人出身的孟步云等筹办，在太原设立了私立光华女子学校。民国十年（1921），榆次大张义村巨商宋继宗还在大张义村设立半工半读性质的女子学校，动员本村姑娘、媳妇到校学习，上午学文化，下午学纺纱、织布技术。

清末民初，榆次常氏是兴办女子学堂的晋商家族的突出代表。与此同时，还有一些晋商的族人投资或者积极参与其他女子学堂的兴办和女子教育活动，比如乔致庸、乔景俨、乔映霞、渠本翘、孟步云等人，这也是不容忽视和否定的。另外，在其他一些晋商家族内部，也是提倡女子接受学校教育的。可以说，在清朝末年晋商以其积极的行动和丰厚的财力，开山西女子公开接受学校教育之先河。

四、捐资捐书　物质支持

清末民初新式学堂的兴办，除了政治体制、传统观念的影响外，还有一个比较大的困难就是资金问题。而在山西，由于晋商家族大多积累了可观的家产，所以在新式学堂兴办的过程中，晋商慷慨解囊，成为新式学堂的主要捐资者。

当时由晋商举办的新式私立学堂，其经费的承担者无疑是以晋商为主体的。典型的如祁县城内的私立竞新小学，它是由渠氏家族十九世渠晋山独资经营的。据有关资料记载，民国八年（1919）私立竞新小学创办时，渠晋山就出资两万两白银。此后，学校每年日常支出需五千银元，全部由渠晋山负担。对家庭困难的学生，渠晋山还给以资助。与此同时，渠晋山还高薪聘请品学兼优的优秀教师任教。如校长韩耀明，是渠晋山亲赴太原聘请的。教师杨芳，是清朝末年的秀才、著名书法家。这样，竞新小学18年耗资竟高达13万白银，只此一所学校我们就可以看出晋商为新式学校慷慨解囊的程度。正是由于这些付出，所以才换来了令人满意的结果。竞新小学校以师资高、校规严、设备全、成绩优而闻名三晋。每年全县会考，竞新学校学生总是名列前茅，国民政府曾两次予以嘉奖。据此也可以看出晋商为山西新式教育所作出的贡献。

除私立学校外，晋商还大量投资民办和公立学校。最典型的是祁县的中学堂。据有关资料记载，祁县中学堂筹办时，经费均来自当地绅商的捐助。而其主要的投资者就是祁商中的各大家族，其中渠家和乔家最为突出。作为建立祁县中学堂的提倡者，渠氏家族的渠本翘首捐巨款，渠源潮也曾赞助白银一千两，校方曾为之树碑表彰。除了渠家诸族人捐款外，为祁县中学堂捐资的还有乔氏家族的诸位族人。比如，乔致庸就以重金赞助祁县中学堂，深受时人推崇。乔致庸的三子乔景俨，深得其父处世之道，一生“居恒俭素，却华靡”，但对新式教育却积极支持，祁县中学堂创立时，他也出巨资捐助，祁县中学曾经有碑对此记载。乔致庸的孙子乔映霞，也捐献巨款资助。与此同时，给祁县中学堂捐资的晋商还有祁县城内富商何谷候、乔家堡富商乔星斋等等，他们除本人捐出巨额白银外，又动员全县商家、富户捐纳。这笔捐

银共两万多两，是创办祁中的第一笔经费。

祁县中学堂的办学经费还有一笔来源，就是祁县昭馀书院节存的专供秀才、举人们读书的所谓“膏火银”，计 21840 两。渠本翘、乔星斋等人，都是开办钱庄、票号的金融高手，他们懂得借贷的规律，他们商定，把四万多两白银分别借贷给本县各商号店铺，按年利收息，每年可收取利息三千五百多两，就是祁县中学堂一年的办学经费。

至此，我们就很清楚地看到，祁县中学堂刚建立时，其性质实际上是一所社会集资的民办学校。它从筹备、到创立再到以后的运转，在很大程度上得益于祁县巨商大族的捐助，得益于商号店铺的生息。可以说，晋商及其典当行的存在，是祁县中学堂最主要的经济支柱。

与此同时，其他新式学堂的创办，也与晋商的资助有着紧密的联系。如，孟步云在祁县城设立女子学堂和在太原开办私立光华女子学校时，渠氏家族的渠本翘，乔氏家族的乔致庸、乔景俨、乔佑谦、乔映霞等人都曾捐献巨款资助。榆次巨商宋继宗，民国初年在家乡榆次大张义村，资助办小学校，吸收村里子弟读书。后来，魏榆商业学校创办之初，囿于人财两难，宋启秀（宋继宗的胞弟）自愿承担筹建资金及日常经费，将宋氏受安里年收房租四千元，用作办学经费。此外，每年还捐款两千元。

时任太谷富商武右卿家塾塾师的清人刘大鹏在他的《退想斋日记》中，曾对清末民初举办新式学堂做过这样的记载：“此邑催办学堂，勒令各商号输将学费，而商界之人虽恨学务人员，亦不敢抗违，只得俯首而已。”刘大鹏作为旧式文人，对新式学堂当然是看不惯的，所以他的本意是想说明，给新式学堂出资，是商人不得已而为之。但事实上这一记载在表明旧式文人刘大鹏对新式教育的主观看法的同时，却也反证了山西商人在举办新式学堂中的客观的、积极的影响。

除了向新式学堂捐资外，晋商族人还为之捐书。光绪三十一年（1905），榆次高等小学校开办以后，由于设备简陋，学校也没有什么存书，常氏家族的族人常赞春，便将自家珍藏的“十三经注”、“二十四史”、“二十二子集”、《昭明文选》《朱子全书》等书籍捐赠。为此，巡抚赠送他“士诵清芬”的匾额，县府也颁给他“分惠士林”和“教人务本”两块匾额，在当时晋中一带传为美谈。后来，常赞春还购置了大量书册，分存于山西省图书馆、榆次县教育会、车辋村小学校等处，以供学者阅览。据有关资料记载，常赞春赠予山西省图书馆的《四部丛刊》及方志等巨著，约有两万余册。此外，祁县渠氏家族的渠晋山在独资创办竞新私立小学堂的同时，还于校外开设图书馆，购进当时商务印书馆新出版的《万有文库》及不少新书，除供学校师生阅读外，而且对外开放，任人阅览。同时，渠晋山专门开办了专业书店，总号设在太原，祁县设分号，除经销图书外，还购进转售珍贵古籍及名人字画，这无疑为当时的社会教育和文化事业的发展提供了必要的图书资料服务。

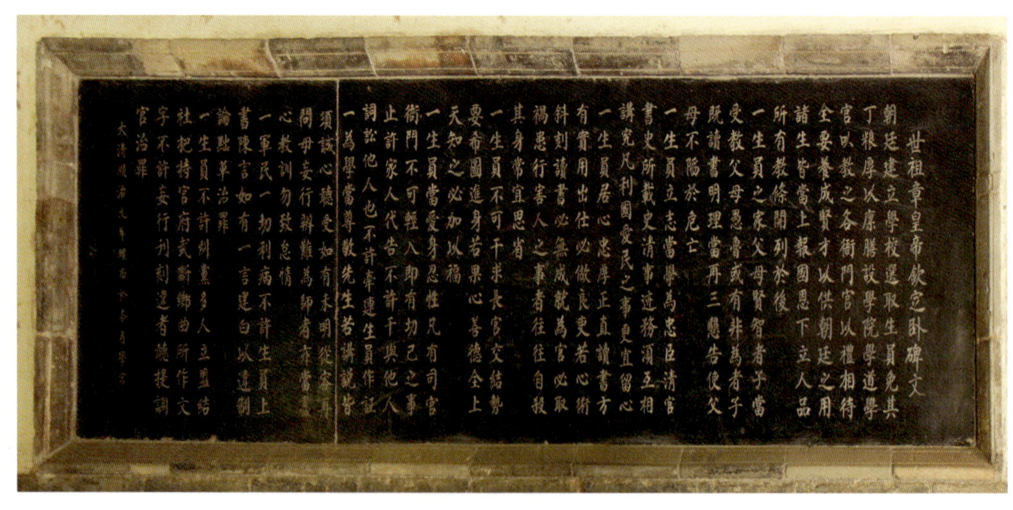
世祖章皇帝欽定卧碑文
朝廷建立學校選取生員免其
丁粮厚以廪膳設學院學道學
官以教之各衙門官以禮相待
全要養成賢才以供朝廷之用
諸生皆當上報國恩下立人品
所有教條開列於後
一生員之家父母賢智者子當
受教父母愚魯或有非為者子
既讀書明理當再三懇告使父
母不陷於危亡
一生員立志當學為忠臣清官
書史所載忠清事迹務須互相
講究凡利國愛民之事更宜留心
一生員居心忠厚正直讀書方
有實用出仕必做良吏若心術
斜刻讀書必無成就為官必取
禍患行害人之事者往往自殺
其身常宜思省
一生員不可干求長官交結勢
要希圖進身若果心善德全上
天知之必加以福
一生員當愛身忍性凡有司官
衙門不可輕入即有切己之事
止許家人代告不許干與他人
詞訟他人也不許牽連生員作証
一為學當尊敬先生若講說皆
須誠心聽受如有未明從容再
問毋妄行辯難為師者亦當盡
心教訓勿致怠惰
一軍民一切利病不許生員上
書陳言如有一言建白以違制
論黜革治罪
一生員不許糾黨多人立盟結
社把持官府武斷鄉曲所作文
字不許妄行刊刻違者聽提調
官治罪
大清順治九年

山西提督使锡嘏题给常赞春的匾“分惠士林”。

光绪末年榆次知县沈继焱题给常赞春的匾“教人务本”。

五、管理任教　人力投入

清末民初，晋商从事新式教育活动，还有一个突出的表现就是，管理或任教于新式学堂，为新式教育提供了管理人才和师资力量。

祁县巨商渠本翘就是一个典型。光绪二十九年（1903）渠本翘在日本期间，目睹日本的发展，认识到教育的重要。次年回国以后，他在创建和管理祁县中学堂的同时，还参加了山西大学堂的筹建工作，并于宣统二年（1910）任山西大学堂总监督，为山西大学堂的创建作出了贡献。为此，《山西大学史稿》（1902—1984）中曾记载，学堂创办中，洋务派人物起了重要作用，“历任监督傅岳棻、解荣辂、渠本翘和胡钧，也都为山西大学堂的创办作出了贡献”。众所周知，当时的山西大学堂与京师大学堂、北洋大学堂三校，是辛亥革命前仅有的三所国立高等学校。据此，我们可以看出渠本翘对山西教育近代化所作的贡献，甚至可以肯定他在中国近代教育史上的影响。

与此同时，作为祁县中学堂的倡议人和主要筹建者，渠本翘还参与祁县中学堂的管理工作。祁县中学堂成立以后，设有“祁县中学堂董事会”，由发起创办祁县中学堂的渠本翘、乔星斋等人组成，渠本翘担任首届董事会董事长和总办。为了解决学校的经费问题，渠本翘除带头捐助巨额款项外，还亲自负责将所集款项存放于殷实商号，以求生息，供学校逐年开支。为了培养人才，在祁县中学开办之初，渠本翘就亲自制定了《祁县中学章程》及各种规章制度，并且不惜重金延请优秀师资，还为学生设立奖学金，力图学生“有大成者”。

在管理新式学堂方面，榆次常家的族人比较突出。光绪三十一年（1905），清政府正式宣布废除科举制度，榆次县城的凤鸣书院奉命改为公立凤鸣学堂（高等小学堂），常麟书受聘为堂长。在他的主持下，对旧式书院进行了一系列的整顿和改造，制定学堂各种规章制度，由学堂董事聘请教师上课，开设修身、经学、历史、地理、国文、算术、图画、体操等科，对学生循循善诱，“诸生皆悦服”，赠“博文约礼”匾额悬挂学堂，深得广大师生的拥护和赞许。后来又创办榆次速成师范学校，常麟书自任校长兼总教务。据《榆次教育志》记载，光绪三十二年（1906），榆次县设立劝学所，常赞春首任所长，努力劝导地方人士兴办新式学堂，积极推行新教育，业绩非常显著。另外，清末民初，省城和县城举办了大量的新式学校，常氏家族的常麟书、常立翰、常望春、常彦春等人均在大、中、小学堂出任负责人，担任新式学堂的管理工作。

除了管理新式学堂外，有能力的晋商族人还执教于新式学堂，在这方面，又以榆次常氏家族最为典型。常家十四世常麟书，博学多才，治学严谨。光绪二十八年（1902）山西大学堂成立时，主持办学的山西巡抚岑春煊慕名而来，亲自聘请常麟书担任山西大学堂中斋分教，主讲政治经济课。我们知道，山西大学堂是山西省最早成立的一所高等新式学堂，常麟书在此从教的经历，能够在一定程度上体现晋商对于山西新式教育的积极参与和影响。清朝末年，常麟书在管理榆次凤鸣学堂和榆次速成师范学校期间，还同时担任教学工作。

如今山西大学校园内的山西大学堂旧址。

常赞春曾获山西大学“学易颐龄”匾。

民国初年他移居省城太原，历任山西大学、商专、一中等校的国文教师。常麟书毕生从事教育工作，有《诗经术义》《礼记易简录》等十多种著作。

榆次常家十六世常乃德，北京高等师范学校史地科毕业，后来去日本留学，归国后历任燕京大学、山西大学、四川大学、华西大学教授，学识渊博，著作甚丰，主要有《中国民族小史》《中国史鸟瞰》《中国财政制度史》《社会科学通论》等。常赞春早年曾就读于山西令德堂书院，宣统元年（1909）入京师大学堂文科经学毛诗班学习，毕业后回到家乡，民国六年（1917）以后，长期从事教育事业，先后在山西大学、山右大学、国民师范、第一男师、女师、云山中学、进山中学等公、私各校执教或兼教，曾获山西大学“学易颐龄”匾额。执教期间，精心讲授，深入浅出，生动幽默，亲笔批点，勤于发现人才，并慨然资助留美、日学生。

总之，在新学兴办期间，大批巨商富贾的子弟或进入新式学堂学习，或受聘为教授，为新学提供了高素质的师资和生源，促进了山西近代新式教育的发展。

六、出国游学 回国从教

在中国教育近代化的初始阶段，标志之一就是出洋留学。进入晚清，国内的有识之士逐渐认识到，中国要富强，就必须积极学习西方先进的科学技

山西榆次常家庄园的展览中有关于常家历代读书中举的情况。

术和近代文化，依靠自己的力量发展民族工业。特别是经过洋务运动和中日甲午海战，他们更强烈地认识到，必须大力培植人才。当时在他们看来，中国的急务在教育，而教育的急务则在派遣学生出国留学。在这些有识之士的提倡和鼓励之下，社会上出现了一股留学热潮。受这种思潮的影响，派遣留学生出国深造也成为清末教育革新的主要内容之一，清朝末年的山西也是如此。对此，清末山西籍举人刘大鹏在他的《退想斋日记》中也曾有记载："现在出洋游学者纷纷，毕业而归者即授职为官。"

在山西地区的留学教育中，值得关注的是晋商这一团体。晋商因为足迹遍全国甚至远涉海

延伸阅读

清末新教育，是与中国传统的旧教育相对而言的，两者的主要区别在于：在教育内容上，不再以儒家的四书五经为主，而是在此基础上增加了西方近代自然科学的知识；在教育目标和人才规格上，不再是培养应科举之士，而是培养能够适应并且促进当时社会发展的新型人才。这种教育的实施，多是在新式学堂中进行的。

外而更富有远见，尤其是对清末以来的国势深深担忧，因此，他们更能意识到积极吸取西洋近代文化的重要性，这就促使他们自觉地加入到留学教育的行列。其突出的表现就是鼓励并且资助其子弟出国留学。我们以当时晋商最为集中的榆次地区为例，清末至民国年间，整个榆次县出国留学者共有 26 人，考察他们的来源和背景，大部分是商人家族的子弟。比如，车辋富商常氏家族就有 4 人，即：毕业于日本明治大学法科的常蕴春；毕业于日本文部省立神户高等商业学校的常凤洲；毕业于日本早稻田大学政治经济科的常乃钦；毕业于日本东京高等工业学校的常乃锐。大张义村富商宋氏家族有 3 个人，即：毕业于日本东京东洋大学理化科的宋念祖；毕业于日本高等工业学校窑业科的宋启秀；毕业于日本神户高等商业学校的宋祖贻。李嫣村富商田氏家族有两位子弟：毕业于日本镰仓铁路学校的田学元和毕业于日本名古屋爱知医科大学妇人科的田万中。还有东阳镇富商赵氏家族的子弟赵佩兰、赵佩珩 2 人。其他如鸣谦的康兰颖、使赵的阎秉真、左付的杨仁显、中社的白凤山、德音的侯锦章、王村的赵习恒以及榆次城内的赵僖、侯鸿业、王伟、马博恩等，也都出生于商人家庭。可见，在榆次的 26 位留学生当中，商人子弟占了绝大多数。

尤其要强调的是，和当时全国各地的留学生一样，这些晋商子弟留学归来后，对当地的新式教育有着一定的推进作用。一方面，他们积极创办新式学堂，比如，榆次大张义村富商宋氏家族的宋启秀从日本回来以后，就非常注重培养人才的教育工作。他先在本村创办职业性质的小学，接着又创办半工半读的技校，后来又于民国二十年（1931）主持创办了著名的魏榆初级普通商业科职业学校，挑选德才兼备的人士执教，培养了一批企业人才。另一方面，留学归来的晋商子弟也纷纷去新式学校从事教学工作，这就在一定程度上充实了山西当时新式学堂的师资。

山西教育的近代化以晋中地区领先，而从晋中一带的具体情况来看，在新学兴办期间，晋商或独资创办新式学堂，或为新式学堂捐献巨资和一定的图书，还有的巨商富贾被聘为新式学堂的教师或管理人员，大量的晋商子弟进入新式学堂学习，甚至出国留学，等等。总之，晋商为新式学堂的兴办和新式教育的发展提供了人力、物力、财力等方面的大力支持。

主要参考书目

成艳萍：《经济一体化视角下的明清晋商》，北京：科学出版社，2013年版。

冯改朵、刘建生等：《西口研究——以杀虎口为中心》，太原：山西经济出版社，2012年版。

刘建生、燕红忠、张喜琴等：《明清晋商与徽商之比较研究》，太原：山西经济出版社，2012年版。

燕红忠：《晋商与现代经济》，北京：经济科学出版社，2012年版。

燕红忠：《中国的货币金融体系（1600—1949）》，北京：中国人民大学出版社，2012年版。

刘建生：《商业与金融：近世以来的区域经济发展》，太原：山西经济出版社，2009年版。

刘建生、燕红忠、石　涛等：《晋商信用制度及其变迁研究》，太原：山西经济出版社，2008年版。

刘建生、燕红忠、王瑞芬等：《山西典商研究》，太原：山西经济出版社，2007年版。

刘建生、刘鹏生、李　东：《回望晋商》，太原：山西经济出版社，2007年版。

刘建生、刘鹏生、燕红忠等：《明清晋商制度变迁研究》，太原：山西人民出版社，2005年版。

刘建生、刘鹏生等：《晋商研究》，太原：山西人民出版社，2005年版。

高增德、刘建生：《晋商巨擘》，太原：山西经济出版社，2005年版。

刘建生：《商谭》，太原：山西经济出版社，2002年版。

刘建生、刘鹏生等：《山西近代经济史（1840—1949）》，太原：山西经济出版社，1995年版。

刘建生：《中国近代经济史稿》，太原：山西经济出版社，1992年版。

……

麻庆云、贾兆鸾：《生意论》（手抄本），山西大学社会史研究中心藏。

徐　珂：《清稗类钞》，北京：中华书局，1984年版。

刘大鹏：《退想斋日记》，乔志强校注，太原：山西人民出版社，1990年版。

（明）韩邦奇：《苑洛集》，西河书院，道光八年（1882）刻本。

王家屏：《复宿山房集》，万历王浚初、徐中元等刻本。

（明）张四维：《条麓堂集》，万历二十三年（1595），张泰徵重刻本。

常赞春：《山西献征》，太原：山西文献委员会，民国铅印本。

（清）李　燧、李宏龄：《晋游日记·同舟忠告·山西票商成败记》，黄鉴晖校注，太原：山西经济出版社，2003年版。

张晋平：《晋中碑刻选粹》，太原：山西古籍出版社，2001年版。

山西省政协文史资料研究委员会：《山西文史资料全编》，太原：山西人民出版社，1996年版。

山西旅游景区志丛书编委会：《晋商文化旅游区志》，太原：山西人民出版社，2005年版。

山西省史志研究院：《山西通志·教育志》，北京：中华书局，1999年版。

三晋文化研究会学术部：《三晋文化研究论丛》，太原：山西人民出版社，1994年版。

曹　煜：《祁帮票号》，太原：山西经济出版社，2003年版。

程　光、梅　生：《儒商常家》，太原：山西经济出版社，2004年版。

程素仁、程雪云：《太谷曹氏家族》，太原：书海出版社，2003年版。

丁　钢：《近世中国经济生活与宗族教育》，上海：上海教育出版社，1996年版。

丁言模：《天下晋商——山西帮》，广州：广东经济出版社，2002年版。

董培良、董剑云：《平遥古城文化史韵》，太原：山西经济出版社，2004年版。

葛贤慧：《商路漫漫五百年——晋商与传统文化》，武汉：华中理工大学出版社，1996年版。

葛贤慧、张正明：《明清山西商人研究》，香港：欧亚经济出版社，1992年版。

古　敏：《晋商——中国第一商道》，北京：金城出版社，2004年版。

郝汝椿：《晋商巨族二百年——清代巨商祁县乔家的传说故事》，天津：百花文艺出版社，1995年版。

胡经纶：《三晋巨贾——漫话乔家大院》，太原：山西古籍出版社，1999年版。

黄鉴晖：《明清山西商人研究》，太原：山西经济出版社，2002年版。

李琳琦：《徽商与明清徽州教育》，武汉：湖北教育出版社，2003年版。

李希曾：《晋商史料与研究》，太原：山西人民出版社，1996年版。

林大雄：《传统中国商人的文化洞察》，深圳：海天出版社，1993年版。

卢润杰：《昭余春秋——祁县之古风古韵》，太原：山西古籍出版社，2005年版。

马　敏：《官商之间——社会剧变中的近代绅商》，武汉：华中师范大学出版社，2003年版。

穆雯瑛：《晋商史料研究》，太原：山西人民出版社，2001年版。

祁　耆、武殿琦：《在中堂》，太原：山西人民出版社，1993年版。

〔日〕寺田隆信：《山西商人研究》，张正明等译，太原：山西人民出版社，1986年版。

孙丽萍、高春平：《晋商研究新论》，太原：山西人民出版社，2005年版。

孙　涛：《闲话晋商》，北京：中国时代经济出版社，2006年版。

唐力行：《商人与中国近代社会》，北京：商务印书馆，2003年版。

王金钉、王儒杰等：《静升史海钩沉》，北京：东方出版社，2006年版。

谢燕主：《儒商门第——常家庄园》，太原：山西古籍出版社，2005年版。
阎广芬：《经商与办学——近代商人教育活动研究》，石家庄：河北教育出版社，2001年版。
余英时：《中国近世宗教伦理与商人精神》，台北：联经出版事业公司，1987年版。
张定邦：《商风民俗》，北京：知识出版社，2004年版。
张海鹏、张海瀛：《中国十大商帮》，合肥：黄山书社，1993年版。
张正明：《晋商兴衰史》，太原：山西古籍出版社，1995年版。
张正明：《明清晋商及民风》，北京：人民出版社，2003年版。
张正明、孙丽萍等：《中国晋商研究》，北京：人民出版社，2006年版。
张正明、薛慧林：《明清晋商资料选编》，太原：山西人民出版社，1989年版。
赵荣达：《晋商故事》，北京：新华出版社，1996年版。

后记

时至今日，历史、文化、经济、商业、金融等各界学者，都对晋商表现出浓厚的研究兴趣，并且付出热情和心血，取得了丰硕的成果。晋商研究尽管成绩斐然，但难免存在缺憾。就内容而言，主要集中在经济、商业、金融等方面，表现出"就商言商"的视野局限。事实上，作为一个称雄数百年的商帮，其商业活动必然与其他方面的活动密切联系在一起，文化教育活动便是其中之一。因而，对晋商教育的研究理应予以重视。

作为一名多年从事教育史教学和研究的专业人员，在关注晋商研究累累硕果的同时，难免心动，希望从教育的视角充实和完善晋商研究。然而，美好的理想要付诸实施，是一件很难的事情。虽然刻意搜集各种与晋商教育有关的史料，但总觉得势单力薄，缺乏动力。2008年末，由山西教育出版社和山西大学晋商学研究所议定出版一套晋商丛书，旨在从全方位的角度对晋商做详细的研究，教育也是其中的一个视角。山西大学晋商学研究所刘建生所长是一位非常勤奋而又有思想的学者，是晋商研究的著名专家和权威人士，他的帮助、鼓励和指导，使我充满了信心。

古朴典雅、保存完好的晋商大院，晋商家族后人对先辈敬而常颂的动人故事，散落在民间的家谱资料，保存在各级政府机构和图书馆的史志记载，都是揭示晋商教育的珍贵财富。

人们形容工作是"痛并快乐着"。笔者认为，史学研究的过程是痛大于快乐，而当最终揭示了某一历史真相并呈现于世人面前时，则是无比快乐。

关于明清时期晋商教育这一话题，需要研究和解决的问题还很多，进一步分析和提升的空间也很大。本书只是做了一个初步的、肤浅的探讨，如果书中的一些内容能够引起人们的关注，引起学者继续研究的兴趣，即是笔者的愿望所在。由于本人才疏学浅，错谬之处一定存在，恳请专家学者批评指正。

作　者

跋

明清晋商在中国商业舞台上活跃的时间之长、影响之大，是空前的。然而历史的车轮无情地碾过那段令人激奋和无奈的岁月，只留下斑驳的记忆和深深的叹息。如何重拾昔日辉煌、重振晋人精神，如何改变百年封闭思想、形成晋人与时俱进的理念，如何挖掘历史文化遗产、实现文化强省，如何改变外界对山西的偏见、重塑山西的时代形象，成为当代有识之士急于破解的难题。

在国家日益重视文化对社会发展的重要意义的背景下，正值山西省省委、省政府大力推动文化产业发展的良好历史机遇，2008年初夏，时任山西教育出版社社长的荆作栋以敏锐的市场把握和独特的文化视角，结合晋商出版物的现状，将晋商文化的挖掘和传承作为出版工作的一个切入点，提出做一套能全面展示晋商文化图书的出版思路；山西大学晋商学研究所近二十年来一直致力于晋商研究，曾先后出版相关专著十余部，发表相关论文二百余篇。鉴于此，张沛泓、杨文两位编辑在多方调研和充分论证的基础上，最终确定与山西大学晋商学研究所合作，以《晋商五百年》丛书的形式，将近年来晋商在各方面的研究成果进行整合，以通俗和生动的方式图文并茂地展示给广大读者。山西大学晋商学研究所在深入思考和集思广益之后，决定全力以赴做好这套书。相信这必将有力地推动晋商文化的宣传和普及，更好地满足文化市场发展的需求。

随着晋商研究的深入，晋商学作为一门独立的学科已经粗具规模，其研究的外延亦不断扩大。《晋商五百年》丛书主要从经营行业（盐商、典商、票商、茶商、粮商等）、会馆、家族、教育、公司、建筑、经营、镖局、走西口等方面，对晋商现象进行概括性描述，基本可以反映出明清晋商的全貌。在本丛书的各分册中，对晋商饮食起居、书法戏曲、官商关系、社会公益以及特有的商业习俗等也都有所涉及。

《晋商五百年》丛书十四册的编写历经五年有余，经过出版社同志们的辛勤劳动和各分册作者的共同努力，终于可以付梓出版了。丛书作者为山西大学晋商学研究所、历史文化学院、经济与管理学院、教育学院和体育学院研究晋商学的老师和研究生，他们分别从自己研究的领域和视角对晋商现象进行了介绍。在五年多的编撰过程中，出版社编辑和作者两方多次探讨，反复修改，几易其稿，达成共识；特别是在丛书整体的文字表达上，尽量使用通俗的描述语言，并配以内容丰富、形式多样、涉及范围广的“延伸阅读”，让各册内容更加丰满，知识涵盖面更加广泛。在此，对各位著作者的辛苦工作表示敬意。

山西教育出版社编审委主任张沛泓、项目部主任杨文在本丛书的论证、策划、立项、组织等方面做了大量工作，并在成书的过程中积极推动，在此对她们的敬业精神表示钦佩。各册责任编辑为使图书更加美观形象、内容更加生动丰富，通过各种渠道搜集和拍摄了大量图片，下了很大工夫，也付出了很多心血。山西教育出版社美术编辑刘志斌在丛书的装帧设计、正文图片的统筹和编排等方面做了大量工作。在此对山西教育出版社相关领导和编辑们的敬业精神和辛苦工作表示崇高的敬意和衷心的感谢。

本丛书在编写的过程中，我们参考了大量学界前辈和研究同仁的研究成果，但囿于体例和篇幅限制，不能全部一一标列，在此对各位作者表示诚挚的感谢和深深的歉意。由于本丛书有的分册是师生合作编撰，其中在结构安排、行文内容等方面还有一些尚需斟酌之处，恳请各位读者指正和谅解。

刘成虎

于山西大学晋商学研究所

鸣谢

为全面形象地宣传、展示晋商文化，本丛书在编辑出版过程中编配了一些相关图片，我们希望取得摄影者的授权，但囿于时间、条件的限制，部分图片未能事先与摄影者取得联系。在此，我们对相关摄影作品的作者表示歉意并恳请能及时与我们联系。本丛书图片的提供者有梁铭、荣浪、薛菲、刘志斌、高春平、刘成虎、刘映海等，并得到北京晋商博物馆、山西财经大学晋商博物馆、山西省博物院、太原晋商博物馆、山西近代矿史研究会、保晋公司纪念馆等单位的大力支持，在此一并致谢！